Kochschule

Mehr als 100 Rezepte, Schritt-für-Schritt-Anleitungen,
Warenkunde und viele Tipps

04 *Weight Watchers stellt sich vor*

06 *Kochschule: Basics*

08 Vorratshaltung
10 Küchengeräte & Hilfsmittel
12 Garmethoden
14 Kräuter

16 *Salate*

18 Salatsorten
20 Salattoppings
22 Rezepte

38 *Suppen*

40 Suppenkunde
42 Rezepte

60 *Fleisch & Geflügel*

62 Fleischsorten
64 Fleischkunde
66 Rezepte

98 *Fisch & Meerestiere*

100 Fischsorten
102 Fischkunde
104 Rezepte

122 *Gemüse*

124 Gemüsesorten
126 Gemüsekunde
128 Gemüse vorbereiten
130 Hülsenfrüchte
132 Rezepte

150 *Kartoffeln*

152 Kartoffelsorten
154 Kartoffel-Variationen
156 Rezepte

164 **Nudeln, Reis & Co.**

166 Nudelsorten
168 Reis- & Getreidesorten
170 Nudeln, Reis & Co. richtig zubereiten
172 Rezepte

192 **Desserts & Süßes**

194 Dessertkunde
196 Obstsorten
198 Obst vorbereiten
200 Rezepte

214 **Register nach Alphabet**

216 **Register nach Zutaten und Stichworten**

224 **Impressum**

Zutatenlisten aller Rezepte als Einkaufszettel direkt auf Ihr Handy!

So geht's: QR-Code-Reader im Handy aufrufen und QR-Code scannen. Ein Link führt Sie zur Kapitelübersicht und später zu der Zutatenliste. Handy mit in den Supermarkt nehmen und Einkaufszettel jederzeit aufrufen.

Voraussetzung: internetfähiges Handy mit Kamerafunktion und installierter QR-Code-Reader-App. Durch die Nutzung des Internets können, abhängig von Ihrem Mobilfunkvertrag, Kosten entstehen.

Rezeptinfos:

 ProPoints® Wert und zusätzlich kJ / kcal pro Person / Stück

Fertig in: entspricht dem kompletten Zeitaufwand inkl. Back-, Gar-, Marinierzeit etc.

Davon aktiv: entspricht dem Zeitaufwand der Vorbereitung wie Schneiden, Rühren etc.

Schnell   Einfrieren   Vegetarisch   Kochvideo

Die richtige Ernährung ist der erste Schritt!

Schön, dass Sie sich für eins unserer Kochbücher entschieden haben und damit für eine gesunde und ausgewogene Ernährung. Denn dafür steht Weight Watchers immerhin schon seit mehr als 40 Jahren in Deutschland.

Weight Watchers ist weit mehr als eine Diät. Es ist ein ganzheitliches, flexibles Ernährungsprogramm. Neben einer Ernährungsumstellung sind auch Bewegung und persönliche Unterstützung wichtige Bestandteile unseres Konzeptes.

Wir bieten Coachings in wöchentlichen Treffen an, wo jeder Interessierte kennenlernen kann, wie abwechslungsreiche Ernährung und Bewegung dazu beitragen können, lange gesund und leistungsfähig zu bleiben – und dabei auch erfolgreich sein Wunschgewicht zu erreichen. Wenn Sie mehr der Online-Typ sind, ist Weight Watchers Online vielleicht etwas für Sie – hier gibt es Zugriff auf die besten interaktiven Tools für eine erfolgreiche Abnahme. Die App für unterwegs gibt es automatisch dazu.

Denjenigen, die es noch individueller gestalten möchten, bieten wir auch persönliche Coachings an.

Unser Ziel ist es, ganz einfach Menschen für einen aktiven und ausgewogenen Lebensstil zu begeistern – dazu gehört auch ein gesundes Körpergewicht. Das Weight Watchers Programm basiert auf aktuellen wissenschaftlichen Erkenntnissen und langer Erfahrung. Es bietet ein Höchstmaß an Flexibilität und Alltagstauglichkeit.

Die Weight Watchers Kochbücher sind die perfekte Ergänzung auf dem eigenen Weg zum Wunschgewicht. Mit unkomplizierten Rezepten wird Kochen einfach zum Vergnügen! Die leckeren Gerichte sind problemlos nachzukochen und gelingen immer. Und das mit frischen Zutaten, die Sie in jedem gut sortierten Supermarkt erhalten. Dabei müssen Sie auf nichts verzichten und können gleichzeitig Familie und Freunde mit abwechslungsreichen Weight Watchers Gerichten verwöhnen. Unsere Fertiggerichte und Snacks runden unser Angebot ab und sind eine gesunde und schnelle Alternative im stressigen Alltag.

Wie das Weight Watchers Programm funktioniert, schildern Ihnen Marie und Christina auf Seite 214–215.

Wir wünschen Ihnen gutes Gelingen und guten Appetit!

Ihr Weight Watchers Team

Die Weight Watchers Services auf einen Blick

Weight Watchers Treffen

Wöchentlich finden über 3.000 Treffen deutschlandweit statt. Davon über 800 an festen Standorten. Alles für die perfekte Atmosphäre. Damit Sie voller Motivation in Richtung Wunschgewicht durchstarten können. Sie haben Fragen? Dann rufen Sie uns unter 01802-60 40 40 gerne an.

(nur 6 Cent/Anruf aus dem dt. Festnetz, Mobilfunk höchstens 42 Cent/Minute.)

Weight Watchers Online

Lernen Sie den *ProPoints*® Plan Schritt für Schritt kennen mit unseren schnellen und einfachen Anleitungen. Nutzen Sie die Online-Tools wie Computer, iPhone, iPad oder Android-Geräte, um Lebensmittel und Aktivitäten zu berechnen, Ihren Gewichtsverlauf zu dokumentieren, passende Rezepte oder Workout-Videos zu finden und vieles mehr.

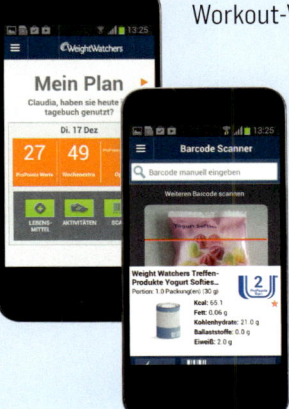

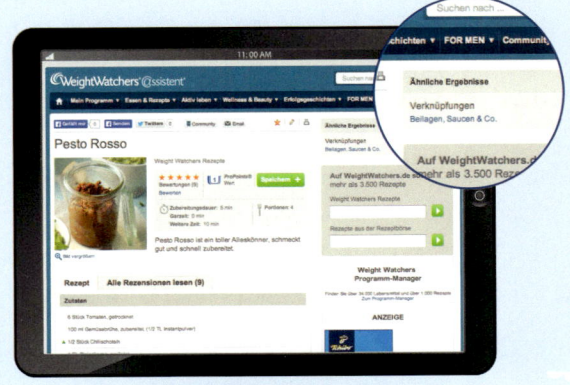

www.weightwatchers.de

Kochschule

Welche Lebensmittel sollte ich immer im Haus haben? Welche Messer brauche ich wirklich? Und was ist eigentlich der Unterschied zwischen Schmoren und Dünsten? Die Antworten auf diese und viele andere Fragen gibt es in diesem Kapitel.

Vorratshaltung

Für alle Fälle

Im stressigen Alltag fehlt häufig die Zeit zum ausgiebigen Lebensmitteleinkauf. Wenn der Kühlschrank und die heimische Speisekammer nichts mehr zu bieten haben, greift man schnell zu kalorienreichem Fast Food oder dem Handzettel des Pizzaservices. Daher zahlt es sich aus, mit Sinn und Verstand an das Thema Vorratshaltung heranzutreten. Denn mit ein bisschen Planung und regelmäßigen Großeinkäufen legen Sie sich einen Vorrat an, dank dessen Sie auch viele Tage ohne Einkaufen auskommen, ohne dabei auf Kalorienfallen zurückzugreifen. Und gleichzeitig haben Sie immer etwas anzubieten, wenn spontaner Besuch vor der Tür steht. Alles in allem spart eine sinnvolle Vorratshaltung also nicht nur Geld und Zeit, sondern hilft Ihnen auch dabei, sich bewusst und gesünder zu ernähren.

Soviel muss sein

Bestimmte Lebensmittel gehören in jede Küche – sie werden regelmäßig zum Kochen, Backen oder auch zur Zubereitung kalter Gerichte und Snacks benötigt und sollten daher immer vorhanden sein.

Praktischerweise lassen sich viele davon über einen längeren Zeitraum lagern. Dazu gehören:

- Mehl, Zucker, Backpulver
- haltbare Milchprodukte
  (z. B. fettarme oder entrahmte H-Milch)
- Essig, Öl, Gewürze, Instant-Gemüsebrühe
- Senf, Tomatenmark
- Nudeln, Reis, Bulgur, Couscous, Linsen
- Frühstückscerealien
  (z. B. Basismüsli, Haferflocken)
- vakuumverpackte Brote (z. B. Pumpernickel)
- Dosen, Konserven und TK-Produkte
  (z. B. Obst, passierte /stückige Tomaten, Mais, Erbsen, Kidneybohnen, Tunfisch, Asia-Gemüse-Mischung)
- Kräuter (TK, getrocknet oder frisch im Töpfchen)
- süße Brotaufstriche (z. B. kalorienreduzierte Konfitüren oder Gelees, Honig)

Prüfen Sie regelmäßig, von welchen Produktgruppen Sie Nachschub benötigen, und werfen Sie einen Blick auf die Mindesthaltbarkeitsdaten. Stellen Sie außerdem beim Einsortieren der Einkäufe die neue Ware immer hinter die vorhandene, damit Sie später automatisch die verbrauchen, die eher abläuft.

Auch unter den schneller verderblichen Lebensmitteln gibt es einige Zutaten, die Sie dennoch immer im Haus haben sollten:

- frisches Obst und Gemüse
- Kartoffeln
- Brot und Eier
- fettarmer Joghurt, Halbfettmargarine, Magerquark und saure Sahne
- Käse und Wurst bzw. Schinken

Kühlschrank: Was gehört wohin?

Die meisten leicht verderblichen Nahrungsmittel sollten im Kühlschrank gelagert werden. Dort herrschen mehrere Temperaturzonen, die sich unterschiedlich gut für die Aufbewahrung verschiedener Lebensmittel eignen.

- **In der Kühlschranktür (ca. 10–15° C):** Eier, Butter, Senf, Konfitüren, Milch und Getränke
- **Oben (ca. 8° C):** angebrochene Konserven, zubereitete Speisen und Getränke
- **In der Mitte (ca. 4–5° C):** Käse und Milchprodukte
- **Über dem Gemüsefach (ca. 0–5° C):** Fleisch, Wurst und Fisch
- **Im Gemüsefach (ca. 6–8° C):** Obst und Gemüse

Moderne Kühlschränke verfügen zudem über spezielle Kühlschubladen, in denen Obst und Gemüse bei 0° C gelagert werden kann – auf diese Weise bleibt es noch länger frisch und knackig. Warme Speisen sollten Sie immer auf Zimmertemperatur abkühlen lassen, bevor Sie diese – in luftdichten Frischhaltedosen verpackt – zum Aufbewahren in den Kühlschrank stellen.

Einige Lebensmittel gehören nicht in den Kühlschrank, dazu zählen unter anderem Brot, Kartoffeln, Tomaten und tropische Früchte wie Bananen.

Die regelmäßige Reinigung des Kühlschranks beispielsweise mit Essigwasser ist wichtig und sorgt dafür, dass Lebensmittel nicht so schnell verderben.

Tiefkühlung: Vorrat auf Eis

Das Tiefkühlen von Lebensmitteln ist eine praktische Methode, um diese länger haltbar zu machen. Im Handel erhältliches Tiefkühlobst und -gemüse wird nach der Ernte schockgefrostet, sodass ein Großteil der Vitamine und Mineralstoffe erhalten bleibt. Außerdem ersparen Ihnen die meisten Tiefkühlprodukte viel Zeit bei der Vorbereitung. Geputzt, geschnitten und portionierbar sind unzählige Obst- und Gemüsesorten sowie Kräuter das ganze Jahr über erhältlich.

Übrigens ...

... verbrauchen vereiste Kühlfächer viel Strom. Tauen Sie daher den Gefrierschrank ab, sobald sich eine ca. 1 cm dicke Eisschicht gebildet hat.

Vorratshaltung

- Lebensmittel mit intensivem Aroma sind in Metallgefäßen gut aufgehoben, da diese weder Geruch noch Geschmack annehmen.
- Kunststoffbehälter eignen sich ideal zum Einfrieren.
- Luftdichte Dosen und Gläser sind vielfältig einsetzbar.

Küchengeräte & Hilfsmittel

Die Wahl und der richtige Einsatz des Handwerkszeuges sind das A und O für Freude und Erfolg beim Kochen. In der Regel lohnt es sich, für Küchenutensilien etwas tiefer in die Tasche zu greifen, denn wer jeden Tag kocht, der muss sich auf seine „Helferlein" verlassen können. Gute Küchengeräte und Hilfsmittel halten den mitunter starken Alltagsbelastungen lange Zeit stand.

Die wichtigsten Küchenhelfer im Überblick

Die **Standreibe** ist ein unverzichtbares Küchenutensil für die gleichmäßige Zerkleinerung von frischem Gemüse und Obst sowie Käse und Schokolade. Langlebiger und schärfer als Kunststoffreiben sind Modelle aus Edelstahl. Um die gängigsten Anwendungen abzudecken, sollte die Reibe mindestens über eine feine und eine grobe Reibefläche sowie einen Gurkenhobel verfügen.

Gemüsemesser dienen der schnellen und einfachen Verarbeitung von Obst und Gemüse. Mit handlicher Form und kurzer Klinge eignen sie sich besonders gut zum Teilen, Schälen, Entkernen und in Form schneiden.

Beim **Mehrzweckmesser** handelt es sich um einen wahren Allrounder in der Küche, der sich durch seine kurze und schmale Klinge auszeichnet. Ob Fisch, Fleisch oder Gemüse – hiermit lässt sich alles problemlos zerkleinern.

Brotmesser verfügen über eine lange Klinge, die es ermöglicht, Brot und andere Backwaren optimal zu schneiden. Durch den Wellenschliff „durchsägt" man damit knusprige Krusten, ohne die Brotscheiben dabei zu zerreißen.

Fleischmesser zeichnen sich durch ihre lange, stabile und breite Klinge aus, die sich besonders für Vorbereitungen aller Art von Fleisch und zum Tranchieren von Braten eignet. Sie werden daher auch Tranchiermesser genannt und sind in unterschiedlichen Größen von ca. 15 cm bis 30 cm Länge erhältlich.

Wiegemesser sind praktische Küchenhelfer, die das Hacken von Kräutern deutlich erleichtern. Die beiden gebogenen Edelstahlklingen schließen mit zwei ergonomisch geformten Griffen ab und liegen somit beim Zerkleinern von Basilikum, Petersilie, Salbei und Co. gut in den Händen. Häufig werden Wiegemesser im Set mit einem gewölbten Kräuterbrett angeboten – durch die perfekt aufeinander abgestimmten Artikel wird Hacken zum Kinderspiel.

Mit einem beschichteten **Käsemesser** lassen sich Weichkäse und Schnittkäse besonders gut schneiden, ohne dass die Scheiben an der Klinge anhaften. Auch Aussparungen in der Klingenfläche erzielen denselben Effekt. Praktisch sind bei vielen Modellen Gabelspitzen, mit denen man die geschnittenen Stücke und Scheiben einfach aufnehmen kann.

Der **Sparschäler** ist ein cleveres Accessoire, das in keiner Küche fehlen sollte. Im Handumdrehen lassen sich damit verschiedene Obst- und Gemüsesorten sowie Kartoffeln besonders einfach von der Schale befreien. Und das – wie der Name bereits sagt – recht sparsam, denn durch den integrierten Abstandshalter wird die Schale gleichmäßig dünn abgeschnitten.

Standreibe

Wiegemesser

Fleischmesser

Brotmesser

Mehrzweckmesser

Gemüsemesser

Käsemesser

Sparschäler

11

Garmethoden

Vom sanften Pochieren bis zum feurigen Grillen können viele Lebensmittel auf ganz unterschiedliche Art und Weise zubereitet werden. Je nach Zutaten und gewünschtem Ergebnis wählt man die entsprechende Garmethode aus.

Beim **Braten** bilden sich durch starkes Erhitzen in einer Pfanne oder einem Topf die charakteristischen Röststoffe, die das Aroma von kurzgebratenem Fleisch wie Steaks oder Hähnchenbrustfilets ausmachen. Auch viele Gemüsesorten gewinnen durch Anbraten an Geschmack. Lebensmittel, die an der Oberfläche noch feucht sind, müssen vor der Zubereitung trocken getupft werden, da sich sonst keine Bratkruste bilden kann. Gemüse mit einem sehr hohen Wassergehalt wie Tomaten oder Gurken sind daher zum Braten eher ungeeignet.

Dämpfen ist eine fettfreie Methode zur Zubereitung von Fisch, Fleisch, Kartoffeln, Getreideprodukten und Gemüse. Die Speisen werden gewürzt und in einen Einsatz gelegt, der in einem Topf über kochendem Wasser hängt. Dadurch, dass sie nicht mit dem Wasser in Kontakt kommen, bleiben mehr Nährstoffe sowie der Eigengeschmack der Zutaten erhalten. Besonders praktisch sind elektrische Dampfgarer mit mehreren Etagen, in denen man Fisch oder Fleisch, Gemüse und Beilagen separat garen kann.

Zum **Dünsten** eignen sich besonders Fisch und Gemüse. Je nach Zutaten wird entweder nur im eigenen Saft oder unter Zugabe von etwas Flüssigkeit bei niedriger Temperatur gegart. Je höher der Wassergehalt der Speisen ausfällt, desto weniger zusätzliche Flüssigkeitszugabe ist nötig.

Beim **Grillen** entwickelt Fleisch bei einer Hitzezufuhr von bis zu 300° C eine besonders knusprige Kruste. Aber auch festfleischige Fische und verschiedene Gemüse erhalten außen das beliebte Grillmuster und bleiben innen schön saftig beziehungsweise knackig. Eine Alternative zum traditionellen Holzkohlegrill stellen Elektro- und Gasgeräte dar.

Beim **Schmoren** werden die Zutaten zunächst in einem Topf in heißem Fett scharf angebraten. Anschließend wird die Hitzezufuhr stark verringert und Schmorflüssigkeit (z. B. Brühe, Wein oder Wasser) angegossen. Die Zutaten garen dann – in der Regel zugedeckt – für längere Zeit bei mittlerer Temperatur im Ofen oder auf dem Herd. Mit dieser Methode lassen sich Fleischstücke wie Rouladen, Braten oder Gulasch, die nicht zum Kurzbraten geeignet sind, zart garen. Neben Fleisch werden aber auch Gemüse wie Kohl, Zwiebeln, Karotten, Sellerie, Tomaten oder Auberginen auf diese Weise besonders aromatisch.

Kräuter – Genuss mit allen Sinnen

Kräuter und Gewürze sehen auf dem Teller nicht nur gut aus – sie verleihen vielen Gerichten erst die besondere Note und sind im Allgemeinen reich an wertvollen Inhaltsstoffen. In ihrer Vielfalt lassen sie sich nahezu unbegrenzt einsetzen.

Estragon schmeckt zu Gemüse, Pilzen, Fisch und Geflügel und besonders gut in Verbindung mit Senf. Am besten frisch oder gefroren verwenden – getrocknet verliert er schnell sein Aroma.

Basilikum ist der Klassiker in der italienischen Küche. Sein Aroma ist leider sehr flüchtig, deshalb verwenden Sie ihn am besten frisch – als ganze Blätter oder in Streifen geschnitten. Auch interessant in der Kombination mit frischen Erdbeeren.

Die frisch-würzige **Petersilie** ist das Universalgewürz für alle Gerichte, dabei ist glatte Petersilie noch aromatischer als die krause Variante. Egal ob frisch, getrocknet oder tiefgefroren – ihrem Einsatz sind keine Grenzen gesetzt.

Mit **Dill** werden klassische Fischgerichte und Gurkensalate verfeinert, er harmoniert aber auch mit anderem Gemüse, Salaten und sauer Eingelegtem. Selbst gefroren oder getrocknet ist er noch sehr aromatisch.

Schnittlauch verfügt über einen feinen zwiebelartigen Geschmack, der Suppen und Eintöpfen, Salaten, Saucen, Kräuterbutter und -quark eine frische Würze verleiht. Am besten roh verwenden, da sein Aroma beim Garen schnell verloren geht.

Minze ist ein fester Bestandteil der orientalischen Küche. Sie verfeinert Lamm- und Geflügelgerichte, Chutneys und Saucen und gibt Obstsalaten und Desserts mit Beeren eine besondere Note. Für das kühle Mundgefühl ist das in der Minze enthaltene Menthol verantwortlich.

Weitere beliebte Kräuter:

Rosmarin passt zu Gemüse genauso hervorragend wie zu kräftigen Rind-, Lamm- oder Wildgerichten und entfaltet sein volles Aroma erst beim Garen. Klein gehackt kann er in der Speise verbleiben, ganze Zweige sollten zum Schluss wieder entfernt werden.

Koriander findet am häufigsten in Gerichten der orientalischen, asiatischen und mexikanischen Küche Verwendung. Sein scharfbitterer Geschmack mit der moschusartigen Note verleiht Fleisch- und Gemüsegerichten, Saucen und Salaten eine frische Würze.

Der kräftige **Thymian** ist fester Bestandteil der mediterranen Küche. Er harmoniert – frisch oder getrocknet – mit Fleisch wie Wild, Lamm und Geflügel, aber auch mit Gemüse.

Estragon

Dill

Basilikum

Schnittlauch

Petersilie

Minze

Salate

Frisch und knackig. Ob Fitness-Salat mit Sprossen, Tortellinisalat mit Lachs oder Lamm-Couscous-Salat mit Granatapfel – mit raffinierten Toppings und Dressings zum Genuss.

Salatsorten

Ob als knackige Beilage oder kalorienarmes Hauptgericht – Salate sind die Klassiker der leichten Küche. Alle Salatsorten liefern Vitamine und Mineralstoffe und sind damit wichtiger Bestandteil einer ausgewogenen Ernährung. Da es sich bei Salaten um empfindliche Lebensmittel handelt, gibt es bei ihrer Lagerung und Vorbereitung einige Punkte zu beachten.

Der zarte **Feldsalat** ist ein Wintersalat und wegen seiner nussigen Note sehr beliebt. Er hält sich im Kühlschrank nur 1–2 Tage.
Vorbereitung: Feldsalat verlesen, welke Blätter abzupfen und harte Wurzelenden entfernen. Blätter gründlich waschen, da sie sehr sandig sein können, und anschließend trocken schleudern.

Der herzhaft-nussige **Eichblattsalat** wird von Juni bis September regional angeboten. Da Eichblattsalat sehr empfindlich ist, verbrauchen Sie ihn am besten kurz nach dem Einkauf.
Vorbereitung: Welke Blätter entfernen. Übrige Blätter vom Strunk pflücken, waschen, trocken schleudern und in mundgerechte Stücke zerteilen.

Der knackig-herbe **Chicorée** steht vor allem in den Wintermonaten auf dem Speiseplan. Frisch verfügen die Blattspitzen über eine zartgelbe Farbe. Chicorée schmeckt roh als Salat genauso gut wie gebraten oder gedünstet. Im Kühlschrank ist er etwa eine Woche haltbar.
Vorbereitung: Chicorée waschen, halbieren und Strunk keilförmig herausschneiden. Chicorée-hälften quer in Streifen schneiden.

Der scharf-würzige **Rucola** ist ganzjährig erhältlich und vielseitig einsetzbar. Außer als Salatzutat findet er auch in warmen Gerichten wie Pasta, Risotto oder Eintöpfen häufig Verwendung. Genauso lecker schmeckt er auf frisch gebackener Pizza. Obwohl sich Rucola einige Tage im Kühlschrank hält, schmeckt er am besten, wenn Sie ihn frisch verwenden.
Vorbereitung: Rucola waschen und trocken schleudern.

Der leicht bittere **Radicchio** hat von September bis April Saison. Seine knackigen Blätter können gebraten, gedünstet oder roh als Salat gegessen werden. Radicchio hält sich im Kühlschrank bis zu einer Woche.
Vorbereitung: Welke Blätter entfernen. Übrige Blätter vom Strunk pflücken, waschen, trocken schleudern, in mundgerechte Stücke zerteilen oder in Streifen schneiden.

Der milde **Eisbergsalat** hat einen knackigen Biss. Von Mai bis Oktober ist er aus deutschem Anbau erhältlich und hält sich im Kühlschrank mehrere Tage frisch.
Vorbereitung: Eisbergsalat halbieren und Strunk keilförmig herausschneiden. Blätter waschen, trocken schleudern, in mundgerechte Stücke zupfen oder in Streifen schneiden.

Übrigens …

… schmeckt Chicorée weniger bitter, wenn Sie die Blätter für einige Minuten in lauwarmes Wasser legen.

Übrigens ...

... lassen sich leicht welke Salatblätter einfach wieder in knackige Zutaten verwandeln. Dafür die Blätter kurz in kaltes Wasser legen und trocken schleudern oder tupfen.

Rucola

Feldsalat

Eichblattsalat

Radicchio

Eisbergsalat

Chicorée

Einfache Salattoppings

Ein gutes Topping ist das Highlight eines jeden Salattellers und sorgt dabei für einen interessanten Geschmackskontrast. Es müssen aber nicht immer gleich gebratene Hähnchenbruststreifen oder gebackener Ziegenkäse sein. Auch mit diesen einfachen Zutaten werten Sie ganz schnell jeden Salat auf.

Croûtons sind knusprige Weißbrotwürfel, die in einer Pfanne mit etwas Fett goldbraun geröstet werden. Durch die Zugabe von Kräutern und Gewürzen entstehen unterschiedliche Geschmacksrichtungen – von mediterran bis asiatisch. Verfeinern Sie Croûtons je nach Lust und Laune z. B. mit gehacktem Thymian, Rosmarin oder Koriander.

Gehackte **Kräuter** sorgen für einen extra Frischekick. Durch das vielfältige Angebot findet sich für jeden Salat eine aromatische und optische Verstärkung.

Pur oder pikant mariniert – **Käse** bringt Würze und Abwechslung in den grünen Salatalltag. Neben Schafskäsewürfeln verleihen auch frisch gehobelter Parmesan und milde Goudastückchen jeder Salatvariation das gewisse Etwas.

In Würfel geschnitten sind **Eier** ein schmackhaftes Salattopping. Durch ihren hohen Eiweißgehalt tragen sie außerdem zu einem längeren Sättigungsgefühl bei.

Durch geröstete **Kerne** wie Pinien-, Sonnenblumen- oder Kürbiskerne werden Salate zum echten Kracher. Wegen ihres kräftigen, leicht erdigen Aromas genügen schon kleine Mengen.

Durch leichtes Anbraten in der Pfanne, mit schwarzem Pfeffer und Zwiebelstreifen verfeinert, geben **Schinkenwürfel** dem Salat eine herzhafte Note.

Croûtons

Eier

Kräuter

Pinienkerne

Schafskäse

Schinkenwürfel

Joghurtdressing

Fertig in: 5 Minuten
Davon aktiv: 5 Minuten

 173 kJ
41 kcal

Für 4 Personen:
250 g fettarmer Joghurt, 2 EL Orangensaft und 2 EL
gehackte Petersilie verrühren, salzen und pfeffern.
Zu Blattsalaten, Paprika oder Tomaten servieren.

Basilikum-Senf-Dressing

Fertig in: 5 Minuten
Davon aktiv: 5 Minuten

 237 kJ
57 kcal

Für 4 Personen:
1 Bund Basilikum waschen, trocken schütteln und
Blätter abzupfen. Mit 4 TL Pflanzenöl, 2 TL Senf,
1 TL Honig, 2–3 EL hellem Balsamicoessig und 70 ml
Gemüsebrühe (1/2 TL Instantpulver) vermischen
und pürieren. Dressing salzen und pfeffern. Passt
z. B. zu Tomatensalat, Rucola oder Käsesalat.

Aprikosendressing

Fertig in: 5 Minuten
Davon aktiv: 5 Minuten

 181 kJ
43 kcal

Für 4 Personen:
30 g kalorienreduzierte Aprikosenkonfitüre mit 70 ml
Gemüsebrühe (1/2 TL Instantpulver), 1 EL Zitronensaft
und 3 TL Pflanzenöl verquirlen und mit Salz und 1 Prise
Chilipulver würzen. Das Dressing z. B. zu Feldsalat,
Eisbergsalat oder Geflügelsalat servieren.

Honig-Senf-Dressing

Fertig in: 5 Minuten
Davon aktiv: 5 Minuten

pro Person **1** ProPoints Wert | 187 kJ / 45 kcal

Für 4 Personen:
2 TL Honig, 1 EL mittelscharfen Senf, 1 TL körnigen Senf, 3 EL hellen Balsamicoessig, 1 EL Pflanzenöl, 75 ml Gemüsebrühe, 1 EL gehackten Dill, Salz und Pfeffer verquirlen. Passt zu Kartoffel- oder Geflügelsalat.

Italienisches Pestodressing

Fertig in: 15 Minuten
Davon aktiv: 10 Minuten

pro Person **2** ProPoints Wert | 306 kJ / 73 kcal

Für 4 Personen:
2 EL Pinienkerne hacken und fettfrei in einer Pfanne rösten. 1 Knoblauchzehe in Scheiben schneiden. 2 TL Olivenöl erhitzen und Knoblauchscheiben darin kurz anbraten. 75 ml Gemüsebrühe mit 2 EL hellem Balsamico-essig und 1 EL grünem Pesto verquirlen. Pinienkerne und Knoblauchscheiben unterheben. Dressing kräftig mit Salz und Pfeffer abschmecken. Passt zu Nudeln.

Edles Himbeerdressing

Fertig in: 20 Minuten
Davon aktiv: 10 Minuten

pro Person **1** ProPoints Wert | 261 kJ / 62 kcal

Für 4 Personen:
1 Orange auspressen. Orangensaft mit 2 TL Senf, 2 EL Himbeeressig, 2 TL Himbeerkonfitüre, 50 ml Gemüse-brühe und 1 EL Rapsöl verquirlen und aufkochen. Dressing abkühlen lassen. Himbeerdressing kräftig mit Salz und Pfeffer abschmecken. Passt zu grünen Blattsalaten.

American Dressing

Fertig in: 5 Minuten
Davon aktiv: 5 Minuten

pro Person **1** ProPoints Wert | 177 kJ / 42 kcal

Für 4 Personen:
1 Knoblauchzehe pressen, mit 1 EL Salatcreme, bis 10 % Fett, 150 g fettarmem Joghurt, 2 EL Ketchup, 1 EL Zitronensaft, 1 TL Schnittlauchringen und 1 TL gehack-ter Petersilie verrühren, salzen und pfeffern. Passt zu Salatmix mit Paprikastreifen und Zwiebelringen.

Probieren Sie das Honig-Senf-Dressing zu ...

... 2 gehobelten Salatgurken. Der *ProPoints*® Wert pro Person ändert sich nicht.

Für einen Krabbencocktail ...

... 4 Glasschalen mit Salatblättern auslegen. 1 rote Paprika waschen, entkernen und fein würfeln. Mit 400 g Krabben unter das American Dressing heben und auf die Salatblätter verteilen. Der *ProPoints*® Wert pro Person erhöht sich auf 3.

Nudelsalat Caprese

Fertig in: 25 Minuten
Davon aktiv: 15 Minuten

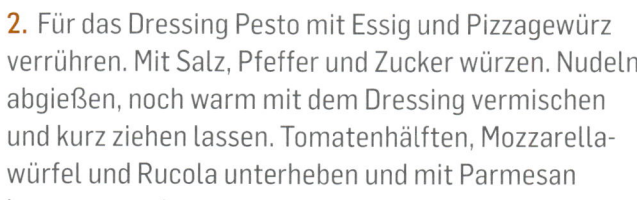

Für 4 Personen:
160 g trockene Mini-Penne
Salz
400 g Cocktailtomaten
1 Kugel Mozzarella light (125 g)
150 g Rucola
2 EL grünes Pesto
6 EL heller Balsamicoessig
2 TL Pizzagewürz
(ersatzweise Basilikum)
Pfeffer
1 Prise Zucker
3 EL geriebener Parmesan

1. Nudeln nach Packungsanweisung in Salzwasser bissfest garen. Tomaten waschen und halbieren. Mozzarella gut abtropfen lassen und fein würfeln. Rucola waschen und trocken schleudern.

2. Für das Dressing Pesto mit Essig und Pizzagewürz verrühren. Mit Salz, Pfeffer und Zucker würzen. Nudeln abgießen, noch warm mit dem Dressing vermischen und kurz ziehen lassen. Tomatenhälften, Mozzarellawürfel und Rucola unterheben und mit Parmesan bestreut servieren.

pro Person
 7 1216 kJ
291 kcal

Kartoffel-Romana-Salat

Fertig in: 30 Minuten
Davon aktiv: 20 Minuten

Für 4 Personen:
600 g festkochende Kartoffeln
Salz
1 Zwiebel
1 Romanasalat
3–4 EL heller Balsamicoessig
150 ml Gemüsebrühe
(1/2 TL Instantpulver)
1 EL mittelscharfer Senf
Pfeffer

1. Kartoffeln waschen und mit Schale ca. 20 Minuten in Salzwasser garen. Zwiebel schälen und würfeln. Salat waschen, trocken schleudern und in Streifen schneiden.

2. Kartoffeln abgießen, pellen, in Würfel schneiden und mit Salatstreifen und Zwiebelwürfeln vermischen. Für das Dressing Essig mit Brühe und Senf verrühren und mit Salz und Pfeffer kräftig würzen. Dressing unter den Salat heben und servieren.

pro Person
 3 579 kJ
139 kcal

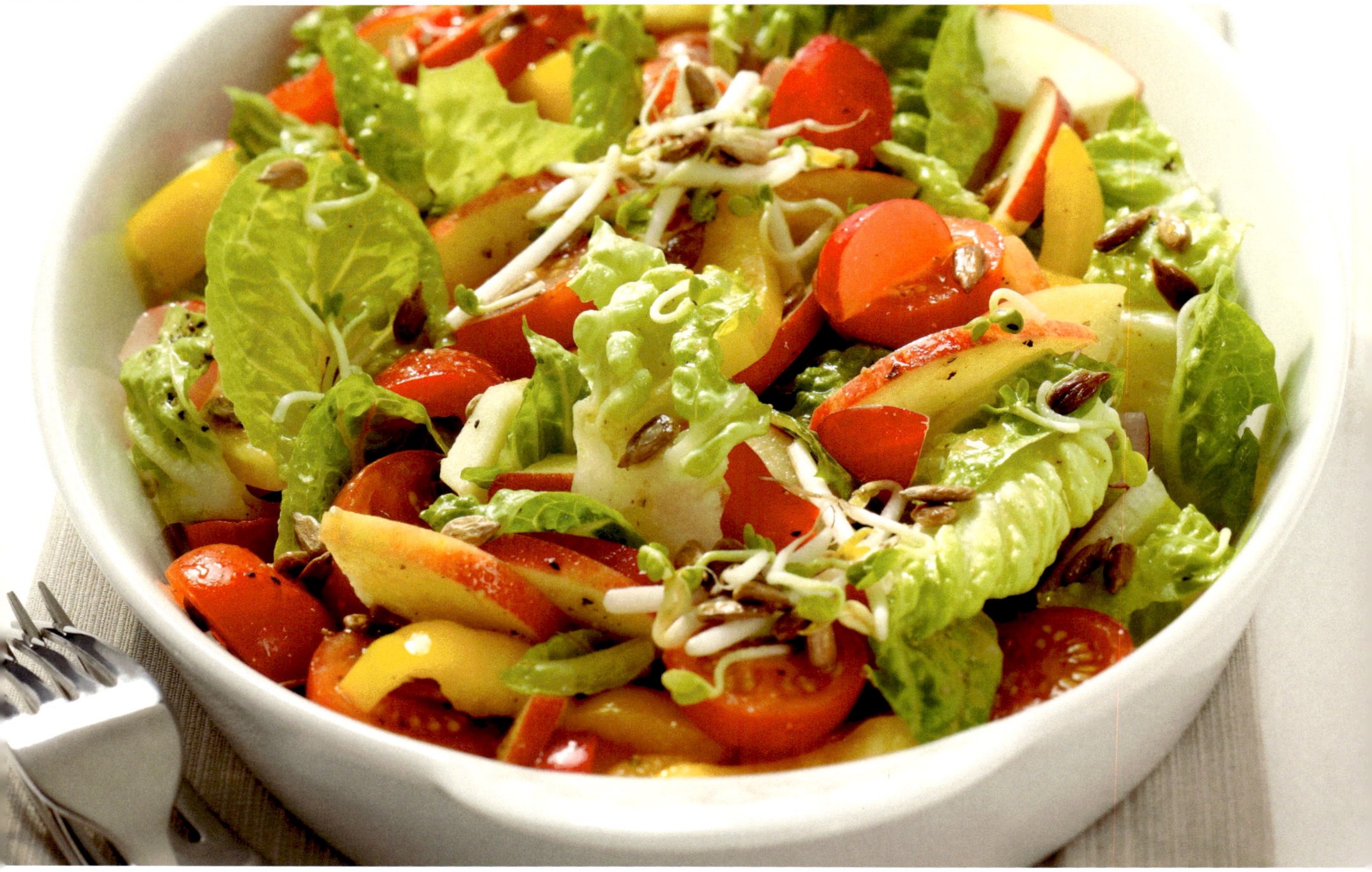

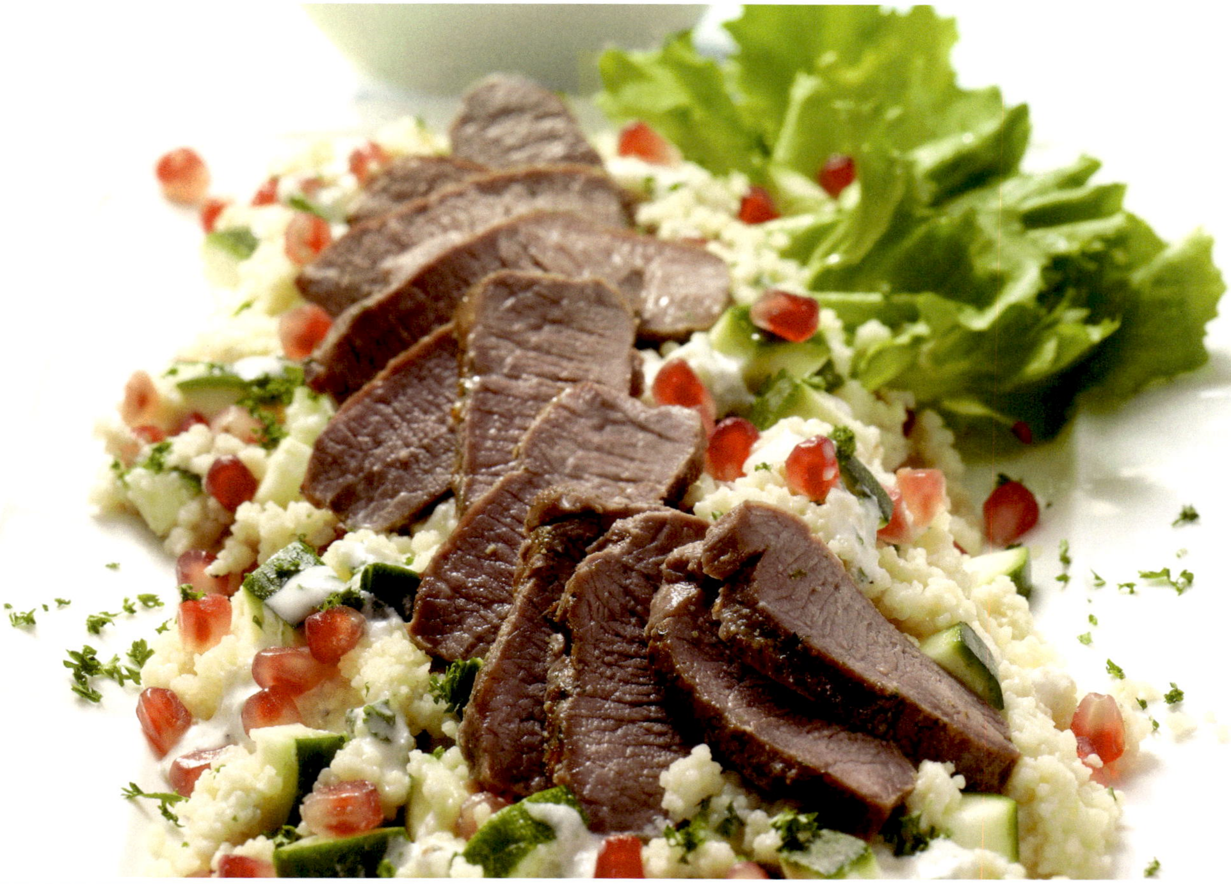

Fitness-Salat mit Sprossen

Fertig in: 20 Minuten
Davon aktiv: 20 Minuten

Für 2 Personen:
je 1 gelbe und rote Paprika
2 Kopfsalatherzen
150 g Cocktailtomaten
60 g Radieschensprossen
50 g Mungobohnensprossen
1/2 Bund Radieschen
1 Apfel
1 rosa Grapefruit
2 TL Olivenöl
2 EL Apfelessig
50 ml Gemüsebrühe
(2 Prisen Instantpulver)
1 TL Senf
Salz, Pfeffer
1 Prise Zucker
1 EL Sonnenblumenkerne

 pro Person **2** 1530 kJ / 366 kcal

1. Paprika, Salat, Tomaten, Sprossen, Radieschen und Apfel waschen. Paprika entkernen und in Streifen schneiden. Salat trocken schleudern und in mundgerechte Stücke zerteilen. Tomaten halbieren, Sprossen abtropfen lassen, Radieschen vierteln, Apfel entkernen und in dünne Scheiben schneiden.

2. Paprikastreifen mit Salat, Tomatenhälften, Radieschenvierteln und Apfelscheiben vermengen, auf einer Platte anrichten und mit Sprossen bestreuen. Für das Dressing Grapefruit auspressen. Grapefruitsaft mit Öl, Essig, Brühe und Senf verquirlen. Mit Salz, Pfeffer und Zucker würzen. Fitness-Salat mit Dressing beträufeln und mit Sonnenblumenkernen bestreut servieren.

Lamm-Couscous-Salat mit Granatapfel

Fertig in: 30 Minuten
Davon aktiv: 25 Minuten

Für 4 Personen:
400 g Lammfilet
3 TL Olivenöl
1 TL Harissa
120 g trockener Couscous
180 ml Gemüsebrühe
(1/2 TL Instantpulver)
2 Granatäpfel
2 Zucchini
200 g fettarmer Joghurt
100 ml Apfelsaft
1 TL Honig
Salz, Pfeffer
2 EL gehackte Petersilie

 pro Person **8** 1716 kJ / 411 kcal

1. Lammfilet trocken tupfen, mit Öl und Harissa in einen Gefrierbeutel geben, gut verkneten und im Kühlschrank ca. 15 Minuten marinieren. Couscous nach Packungsanweisung in Brühe garen. Granatäpfel halbieren und Kerne herauslösen. Zucchini waschen und würfeln.

2. Joghurt mit Apfelsaft und Honig verrühren und mit Salz und Pfeffer würzen. Dressing mit Couscous, Petersilie, Granatapfelkernen und Zucchiniwürfeln vermengen.

3. Eine Pfanne erhitzen, Lammfilet darin fettfrei ca. 5 Minuten braten, herausnehmen, ca. 2 Minuten in Aluminiumfolie gewickelt ruhen lassen und in Scheiben schneiden. Couscoussalat und Lammfleisch nach Wunsch mit Salatblättern garniert servieren.

Tunfischsalat

Fertig in: 20 Minuten
Davon aktiv: 15 Minuten

Für 4 Personen:
2 Dosen Tunfisch im eigenen Saft
(à 150 g Abtropfgewicht)
2 rote Zwiebeln
1 Dose Artischocken
(240 g Abtropfgewicht)
400 g Tomaten
4 EL saure Sahne
150 g fettarmer Joghurt
2 EL heller Balsamicoessig
Salz
Pfeffer

1. Tunfisch gut abtropfen lassen und etwas zerpflücken. Zwiebeln schälen und in feine Ringe schneiden. Artischocken abtropfen lassen, Tomaten waschen und mit Artischocken in Stücke schneiden.

2. Für das Dressing saure Sahne und Joghurt mit Essig verrühren, kräftig salzen und pfeffern. Salatzutaten mit Dressing vermengen und kurz ziehen lassen. Mit Salz und Pfeffer abschmecken und servieren.

pro Person
3 ProPoints Wert | 692 kJ
166 kcal

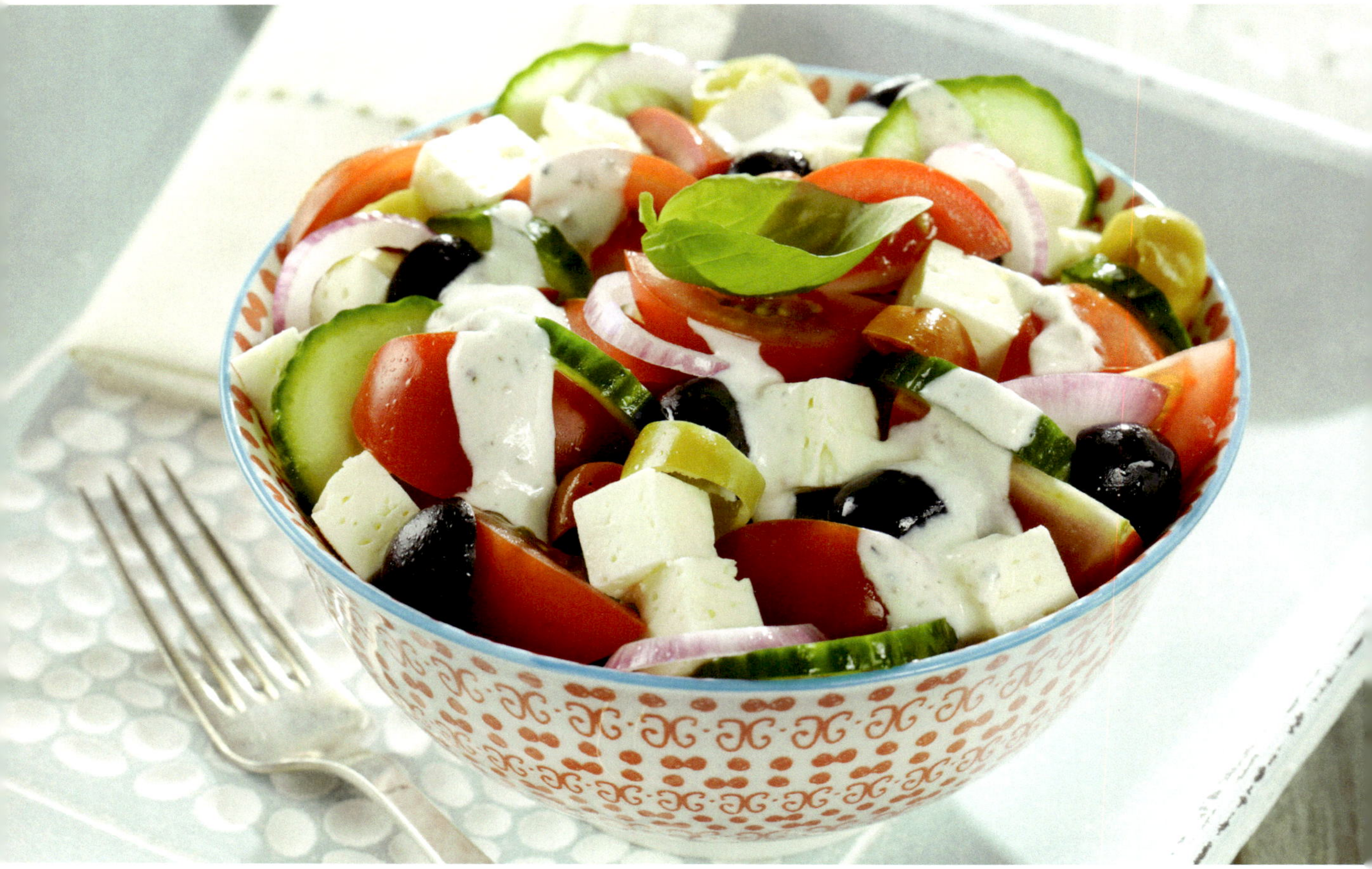

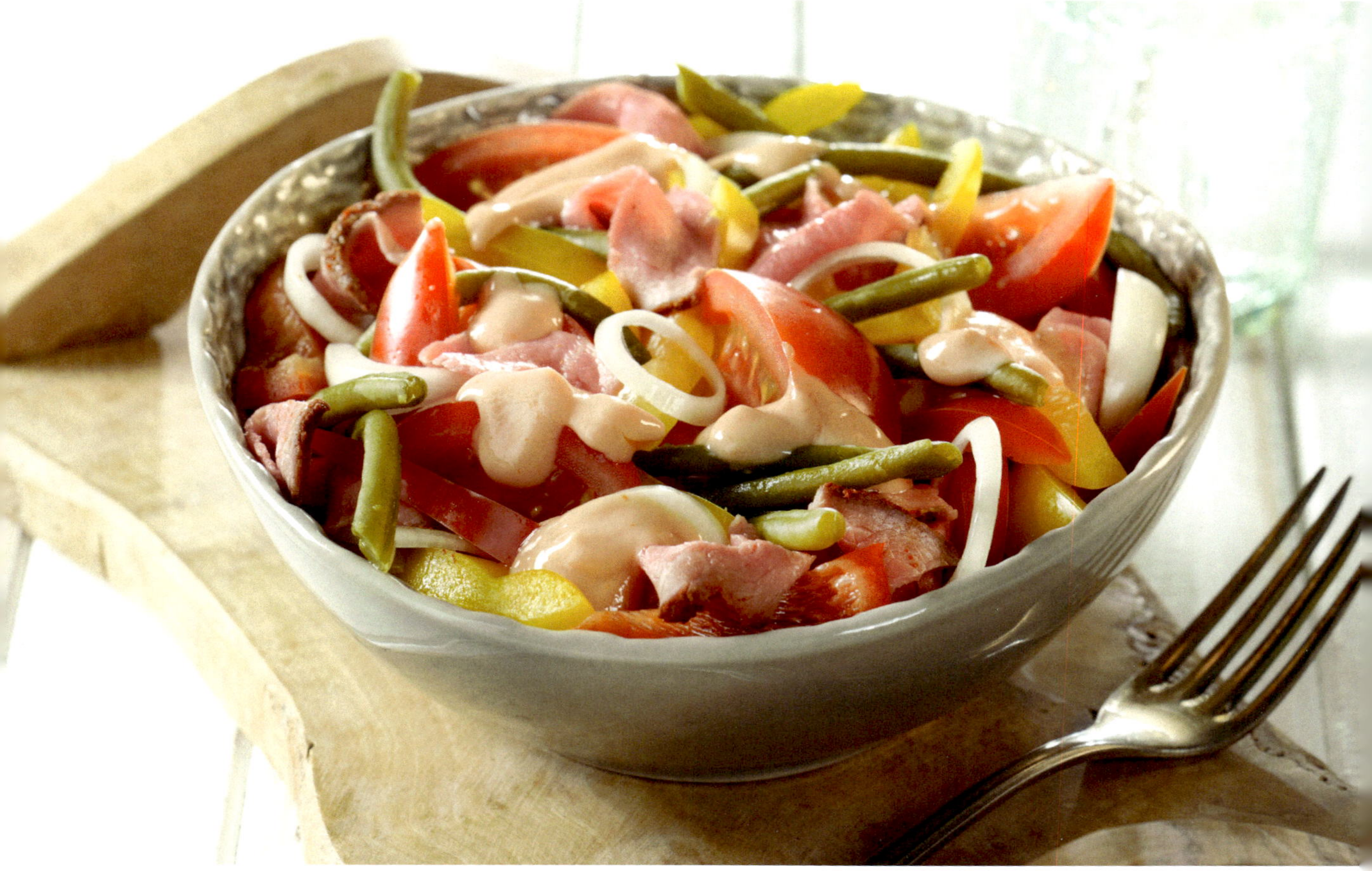

Griechischer Bauernsalat

Fertig in: 20 Minuten
Davon aktiv: 20 Minuten

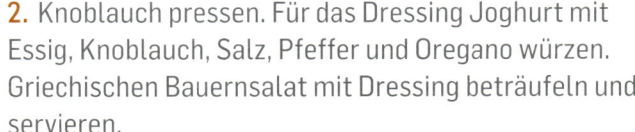

Für 4 Personen:
1 Salatgurke
5 Tomaten
6 eingelegte Peperoni ohne Öl
1 rote Zwiebel
250 g Schafskäse light
16 schwarze Oliven ohne Stein
1 Knoblauchzehe
250 g fettarmer Joghurt
4 EL Weißweinessig
Salz
Pfeffer
1 TL gehackter Oregano

1. Gurke und Tomaten waschen. Gurke in Scheiben und Tomaten in Spalten schneiden. Peperoni abtropfen lassen, Zwiebel schälen und mit Peperoni in Ringe schneiden. Schafskäse würfeln. Gurkenscheiben mit Tomatenspalten, Peperoni, Zwiebelringen, Schafskäsewürfeln und Oliven vermengen.

2. Knoblauch pressen. Für das Dressing Joghurt mit Essig, Knoblauch, Salz, Pfeffer und Oregano würzen. Griechischen Bauernsalat mit Dressing beträufeln und servieren.

pro Person
6 ProPoints Wert
1145 kJ
274 kcal

Roastbeef-Bohnen-Salat

Fertig in: 25 Minuten
Davon aktiv: 20 Minuten

Für 4 Personen:
2 Zwiebeln
1 gelbe Paprika
4 Tomaten
2 Dosen grüne Bohnen (à 472 g Abtropfgewicht)
400 g Roastbeef-Aufschnitt
100 g Salatcreme, bis 10 % Fett
3 EL Weißweinessig
2 EL Ketchup
Salz
Pfeffer
1/4 TL Paprikapulver
einige Spritzer Tabasco

1. Zwiebeln schälen, Paprika und Tomaten waschen. Bohnen gut abtropfen lassen. Paprika entkernen. Zwiebeln in feine Ringe, Paprika und Roastbeef in Streifen und Tomaten in Spalten schneiden. Salatzutaten mit den Bohnen vermengen.

2. Für das Dressing Salatcreme mit Essig und Ketchup verrühren. Mit Salz, Pfeffer und Paprikapulver würzen und vorsichtig mit Tabasco abschmecken. Dressing über den Salat geben, kurz ziehen lassen, mit Salz und Pfeffer abschmecken und sofort servieren.

pro Person
6 ProPoints Wert
1178 kJ
282 kcal

Tortellinisalat mit Lachs

Fertig in: 30 Minuten
Davon aktiv: 25 Minuten

Für 2 Personen:
150 g trockene Tortellini mit Käsefüllung
Salz
2 Scheiben Räucherlachs
1 Romanasalat
1 Bund Radieschen
150 g Magermilchjoghurt
2 EL Schmand
1 TL Honig
1 TL Tafelmeerrettich (Glas)
1 EL gehackter Dill
2 EL Apfelessig
Pfeffer

1. Tortellini nach Packungsanweisung in Salzwasser garen. Räucherlachs in ca. 1 cm breite Streifen schneiden.

2. Salat und Radieschen waschen. Salat trocken schleudern und in mundgerechte Stücke zerteilen. Radieschen in Scheiben schneiden. Tortellini abgießen und abkühlen lassen. Gemüse mit Tortellini und Lachsstreifen mischen.

3. Für das Dressing Joghurt und Schmand mit Honig, Meerrettich, Dill und Essig verrühren. Mit Salz und Pfeffer abschmecken. Dressing unter den Salat heben und servieren.

pro Person
 12 ProPoints Wert | 2461 kJ
517 kcal

Nudel-Paprika-Salat

Fertig in: 15 Minuten
Davon aktiv: 15 Minuten

Für 4 Personen:
150 g trockene Spirelli
Salz
je 1 rote und gelbe Paprika
3 Gewürzgurken
3 EL Gurkensud
1 EL Weißweinessig
150 g fettarmer Joghurt
Salz
Pfeffer
1 Prise Zucker

1. Nudeln nach Packungsanweisung in Salzwasser garen. Paprika waschen, entkernen und mit Gewürzgurken würfeln. Für das Dressing Gewürzgurkenwürfel mit Gurkensud, Essig und Joghurt verrühren. Mit Salz, Pfeffer und Zucker abschmecken.

2. Nudeln abgießen und mit übrigen Zutaten vermengen. Dressing unter den Nudelsalat heben, kurz ziehen lassen und servieren.

pro Person
 4 ProPoints Wert | 818 kJ
196 kcal

Schichtsalat Bolognese

Fertig in: 35 Minuten
Davon aktiv: 25 Minuten

Für 4 Personen:
2 Zwiebeln
2 TL Pflanzenöl
300 g Tatar
Salz
1 Prise Paprikapulver
1 TL gehackter Oregano
1 EL Tomatenmark
1 kleiner Eisbergsalat
2 rote Paprika
1 kleine Dose Mais
(140 g Abtropfgewicht)
2–3 EL heller Balsamicoessig
1 Becher saure Sahne (150 g)
70 g geriebener Käse, 30 % Fett i. Tr.

pro Person
6 ProPoints Wert
1212 kJ
290 kcal

1. Zwiebeln schälen und fein würfeln. Öl in einer Pfanne erhitzen und Zwiebelwürfel darin ca. 2–3 Minuten glasig anbraten. Tatar zufügen, mit Salz, Paprikapulver und 1/2 Teelöffel Oregano würzen und ca. 5–8 Minuten krümelig anbraten. Tomatenmark unterrühren, mit Salz und Pfeffer abschmecken und abkühlen lassen.

2. Salat und Paprika waschen. Salat trocken schleudern, Paprika entkernen. Salat in feine Streifen, Paprika in Würfel schneiden und Mais gut abtropfen lassen. Salat in eine Schüssel oder 4 Gläser füllen, mit Essig beträufeln und salzen. Tatarmasse darauf verteilen und mit Mais bestreuen. Paprikawürfel mit saurer Sahne verrühren, mit Salz und restlichem Oregano abschmecken und auf dem Salat verteilen. Mit Käse bestreuen und servieren.

Suppen

Heißer Genuss. Von der klaren Rindfleischsuppe über die cremige
Käse-Lauch-Suppe bis hin zum Karottentopf mit Tatarbällchen.

Suppenkunde

Leichter Genuss

Sie kann klar oder cremig sein, klassisch-deftig, leicht und mediterran oder asiatisch-pikant. Sie schmeckt im Winter wie im Sommer und ist als leichte Vorspeise genauso beliebt wie als sättigendes Hauptgericht. Kaum eine Speise ist so facettenreich wie die Suppe. Von der klaren Geflügelbrühe bis hin zur sämigen Erbsensuppe – aus vielen Lebensmitteln lassen sich leckere Suppen kochen. Und auch zum Abnehmen eignen sich Suppen prima: Eine heiße Suppe löffelt man langsam und verspürt dadurch schneller ein Sättigungsgefühl.

Ideal zum Mitnehmen
In einer auslaufsicheren Frischhaltedose lassen sich Suppen gut mit ins Büro nehmen. Kurz in der Mikrowelle erhitzt, haben Sie in wenigen Augenblicken eine leckere und gesunde Mittagsmahlzeit auf dem Tisch.

Ideal zum Einfrieren
Neben den gesunden Inhaltsstoffen bietet Suppe noch weitere Vorteile. Sie lässt sich gut im Voraus kochen und steht dann im Handumdrehen auf dem Tisch. Die meisten Suppen und Eintopfgerichte lassen sich problemlos einfrieren. Berufstätige, die hungrig heimkommen, tappen nicht in die Fast-Food-Falle, sondern haben schnell eine gesunde und selbst gekochte Mahlzeit parat.

Suppenarten

Klare Brühen oder auch **Bouillons** entstehen durch Auskochen der jeweiligen Grundzutaten wie Fleisch beziehungsweise Suppengemüse mit Zwiebeln, Kräutern und Gewürzen. Beliebt sind Rinder-, Geflügel- und Gemüsebrühen, die auch eine ideale Grundlage für klare Gemüsesuppen, Eintöpfe, Currys und Risottos bilden. Mit etwas Einlage, wie dem zerkleinerten Suppenfleisch, frischem Gemüse und kleinen Nudeln, kreieren Sie daraus außerdem schnell eine klare Suppe.

Gebundene Suppen wie Brokkolicremesuppe oder Käse-Lauch-Suppe sind gehaltvoller als klare Suppen. Ihre sämige Bindung erhalten sie entweder durch Pürieren der Zutaten oder durch Andicken der Flüssigkeit mit Mehl oder Speisestärke. Durch die Zugabe von Milchprodukten sowie Schmelz- oder Frischkäse können gebundene Suppen zusätzlich verfeinert werden.

Eintöpfe verfügen aufgrund der geringeren Flüssigkeitsmenge über eine dickere Konsistenz. Beliebte Zutaten für Eintopfgerichte sind Hülsenfrüchte wie Erbsen, Linsen oder Bohnen sowie Kartoffeln und Gemüse. Während klare Suppen in der Regel Vorspeisen sind, werden Eintöpfe mit ihren reichhaltigen Einlagen, wie z. B. gepökelte oder geräucherte Fleisch- und Wurstwaren, als Hauptspeise serviert.

Übrigens ...

... können Sie eine angebrannte Suppe noch retten, indem Sie den oberen Teil abschöpfen und in einen anderen Topf füllen. Geben Sie dann etwas Wasser zu, würzen Sie die Suppe nach und lassen Sie sie ohne Deckel etwas einkochen.

Gemüsefond selbst gemacht

Kalte Suppen sind besonders an heißen Tagen ein erfrischender Genuss. Es gibt verschiedene Varianten, beispielsweise mit Gemüse, Milch oder Obst. Die spanische Gazpacho ist eine klassische Gemüsekaltschale aus Tomaten, grünen Paprika und Gurken. Dafür werden alle Zutaten roh püriert und pikant abgeschmeckt.

Bei **süßen Suppen** sind der Fantasie keine Grenzen gesetzt. Aus verschiedensten Obstsorten lassen sich unter Zugabe von Frischkäse, Milch oder Joghurt fruchtige Suppen kochen, die sowohl als Dessert als auch als süßes Hauptgericht serviert werden können.

Eine gute Brühe lässt sich ganz leicht selbst zubereiten: Dafür ca. 1 kg gemischtes Suppengemüse (z. B. Sellerie, Lauch, Karotten, Zwiebeln, Pastinaken) waschen, gegebenenfalls schälen und in Stücke schneiden. Gemüsestücke mit Kräutern (z. B. Petersilie, Liebstöckel) und Gewürzen (z. B. Pfefferkörner, Nelken, Lorbeerblätter, Piment) in ca. 2 Litern Wasser aufkochen und ca. 60 Minuten zugedeckt köcheln. Gemüsebrühe anschließend durch ein feines Sieb gießen und abschmecken.

Wenn Sie die Brühe sofort heiß in ausgekochte Marmeladen- oder Gurkengläser füllen, fest mit Schraubdeckeln verschließen und anschließend zum Abkühlen auf den Kopf stellen, ist sie anschließend im Kühlschrank wochenlang haltbar. Wer sich einen größeren Vorrat anlegen möchte, kann die Brühe auch portionsweise Einfrieren.

Gemüsefond zubereiten

Suppengemüse putzen und in Stücke schneiden.

Zutaten mit Wasser aufkochen und ca. 60 Minuten garen und abschmecken.

Brühe abseihen und abschmecken. Nach Wunsch weiterverarbeiten oder konservieren.

Zwiebelsuppe mit Parmesanchips

Fertig in: 25 Minuten
Davon aktiv: 15 Minuten

Für 4 Personen:
je 250 g weiße und rote Zwiebeln
1 EL Pflanzenöl
1 EL Mehl
125 ml trockener Weißwein
1 Liter Gemüsebrühe
(1 EL Instantpulver)
60 g geriebener Parmesan
1 EL gehackte Kräuter der Provence
Salz
1/2 TL rosa Pfefferbeeren
1 TL gehackter Majoran

1. Backofen auf 180° C (Gas: Stufe 2, Umluft: 160° C) vorheizen. Zwiebeln schälen und in feine Streifen schneiden. Öl in einem Topf erhitzen und Zwiebelstreifen darin glasig andünsten. Zwiebeln mit Mehl bestäuben und kurz anschwitzen. Mit Wein und Brühe ablöschen und ca. 15 Minuten garen.

2. Parmesan mit Kräutern der Provence vermischen und 8 Kreise (Ø 8 cm) auf ein mit Backpapier ausgelegtes Backblech streuen. Im Backofen auf mittlerer Schiene ca. 8 Minuten goldbraun backen. Zwiebelsuppe mit Salz, rosa Pfefferbeeren und Majoran würzen und mit Parmesanchips servieren.

pro Person | 715 kJ
| 171 kcal

Wenn es noch schneller gehen soll, ...
... probieren Sie die italienische Gemüsesuppe von **Weight Watchers.**

Fischsuppe mit Garnelen

Fertig in: 45 Minuten
Davon aktiv: 25 Minuten

Für 4 Personen:
1 Zwiebel
3 Karotten
1 **kleine** Fenchelknolle
1 **Stange** Staudensellerie
2 **TL** Pflanzenöl
1 Knoblauchzehe
1 **TL** Fenchelsamen
800 ml Fischfond
250 g Kabeljaufilet
250 g Rotbarschfilet
200 g küchenfertige Garnelen
10 Cocktailtomaten
Salz
Pfeffer
1 **EL** gehackte Petersilie

 1057 kJ
253 kcal

1. Zwiebel und Karotten schälen, Fenchel waschen, halbieren und den Strunk entfernen, Staudensellerie waschen. Gemüse in feine Streifen schneiden.

2. Öl in einem Topf erhitzen. Knoblauch dazupressen und Zwiebelstreifen darin ca. 1 Minute glasig dünsten. Fenchelsamen zufügen und kurz mit anrösten. Karotten-, Fenchel- und Selleriestreifen zufügen und ca. 5 Minuten zugedeckt mit dünsten. Mit Fischfond ablöschen und ca. 15 Minuten köcheln lassen.

3. Kabeljau-, Rotbarschfilet und Garnelen abspülen und trocken tupfen. Fischfilets in Stücke schneiden. Tomaten waschen und halbieren.

4. Garnelen, Kabeljau- und Rotbarschstücke zur Suppe geben und ca. 10 Minuten gar ziehen lassen. Tomatenhälften zugeben und kurz mitgaren. Mit Salz und Pfeffer abschmecken, mit Petersilie bestreuen und servieren.

Vegetarischer Maultaschentopf

Fertig in: 25 Minuten
Davon aktiv: 10 Minuten

Für 4 Personen:
500 g Broccoli
750 g Blumenkohl
1,5 Liter Gemüsebrühe
(1 1/2 EL Instantpulver)
8 Gemüsemaultaschen (400 g)
Salz
Pfeffer
2 **TL** gehackter Liebstöckel
4 Scheiben Bauernbrot

 1747 kJ
418 kcal

1. Broccoli und Blumenkohl waschen und in kleine Röschen teilen. Brühe aufkochen, Maultaschen mit Broccoli- und Blumenkohlröschen darin nach Packungsanweisung ca. 10–15 Minuten garen. Mit Salz, Pfeffer und Liebstöckel würzen. Vegetarischen Maultaschentopf mit Bauernbrot servieren.

Feine Rindfleischsuppe

Fertig in: 1 Stunde 55 Minuten
Davon aktiv: 20 Minuten

Für 4 Personen:
400 g Rinderbeinscheibe
2 Lorbeerblätter
3 Wacholderbeeren
1,2 Liter Wasser
2 Bund Suppengemüse
80 g trockene Suppennudeln
Salz
Pfeffer
1 EL gehackte Petersilie

 pro Person
5 ProPoints Wert | 1063 kJ
254 kcal

1. Rinderbeinscheibe abspülen und trocken tupfen. Lorbeerblätter und Wacholderbeeren mit Beinscheibe ins Wasser geben, aufkochen und zugedeckt ca. 90 Minuten garen.

2. Sellerie und Lauch waschen, Karotten schälen und das gesamte Suppengemüse in Stücke schneiden. Suppengemüse nach ca. 60 Minuten zur Beinscheibe geben und mitgaren.

3. Beinscheibe herausnehmen. Fleisch vom Knochen lösen und würfeln. Mit den Nudeln zur Suppe geben und weitere ca. 8–10 Minuten garen. Lorbeerblätter und Wacholderbeeren entfernen. Rindfleischsuppe mit Salz und Pfeffer abschmecken, mit Petersilie bestreuen und servieren.

Käse-Lauch-Suppe

Fertig in: 40 Minuten
Davon aktiv: 20 Minuten

Für 4 Personen:
1 Zwiebel
3 Stangen Lauch
250 g Champignons
1 TL Pflanzenöl
200 g Tatar
Salz
Pfeffer
1 TL Paprikapulver
800 ml Gemüsebrühe
(3 TL Instantpulver)
200 g Schmelzkäse, 20 % Fett i. Tr.
200 g Kräuterfrischkäse,
bis 1 % Fett absolut
1 Prise geriebene Muskatnuss

pro Person
5 ProPoints Wert | 1246 kJ
298 kcal

1. Zwiebel schälen und in Würfel schneiden. Lauch waschen und in Ringe schneiden. Champignons trocken abreiben und in Scheiben schneiden.

2. Öl in einem Topf erhitzen, Zwiebelwürfel und Tatar darin ca. 3 Minuten krümelig anbraten. Mit Salz, Pfeffer und Paprikapulver würzen. Lauchringe und Champignonscheiben zufügen und ca. 1 Minute mitbraten. Mit Brühe ablöschen und ca. 15–20 Minuten garen.

3. Schmelz- und Kräuterfrischkäse einrühren und in der Suppe schmelzen lassen. Mit Salz, Pfeffer und Muskatnuss abschmecken und servieren.

Für eine Schwäbische Flädlesuppe …

… verquirlen Sie 2 Eier mit 100 ml fettarmer Milch, 100 ml kohlensäurehaltigem Mineralwasser und 90 g Mehl. Teig ca. 5 Minuten quellen lassen. 2 TL Pflanzenöl in einer Pfanne erhitzen und dünne Pfannkuchen abbacken. Die Pfannkuchen aufrollen, in dünne Streifen schneiden und statt Nudeln zur fertigen Suppe geben. Der *ProPoints*® Wert pro Person erhöht sich auf 7.

Thailändischer Hähncheneintopf

Fertig in: 45 Minuten
Davon aktiv: 25 Minuten

Für 4 Personen:
200 g braune Champignons
200 g Zuckererbsenschoten
150 g Cocktailtomaten
1 Stück Ingwer (ca. 2–3 cm)
2 Stängel Zitronengras
3 Kaffir-Limettenblätter
500 g Hähnchenbrustfilet
200 ml Kokosmilch
1 Liter Gemüsebrühe
(1 EL Instantpulver)
100 g trockene Mie-Nudeln
Salz
Pfeffer
1 EL Limettensaft
1/2 TL Chiliflocken
2 TL gehackter Koriander

1513 kJ
362 kcal

1. Champignons trocken abreiben und halbieren. Zuckererbsenschoten und Tomaten waschen, Zuckererbsenschoten in Stücke schneiden. Ingwer schälen und in Scheiben schneiden. Zitronengras mit Kaffir-Limettenblättern waschen und trocken schütteln. Zitronengras längs halbieren. Hähnchenbrustfilet abspülen, trocken tupfen und würfeln.

2. Kokosmilch mit Brühe aufkochen. Ingwerscheiben, Zitronengras, Kaffir-Limettenblätter und Hähnchenbrustwürfel zufügen und darin ca. 10 Minuten garen. Mie-Nudeln mit Champignonhälften, Zuckererbsenschotenstücken und Tomaten zugeben und weitere ca. 5 Minuten garen.

3. Zitronengras und Limettenblätter entfernen. Hähncheneintopf mit Salz, Pfeffer und Limettensaft abschmecken. Thailändischen Hähncheneintopf mit Chiliflocken und Koriander bestreut servieren.

Kaffir-Limettenblätter ...

... bekommen Sie frisch im Asialaden oder getrocknet in der Asia-Abteilung von gut sortierten Supermärkten. Ersatzweise können Sie auch die Schale von 1 unbehandelten Limette in breiten Streifen abschälen und in die Suppe geben.

Zucchinisuppe mit Schinken

Fertig in: 30 Minuten
Davon aktiv: 15 Minuten

Für 4 Personen:
750 g Zucchini
1 Zwiebel
1 EL Pflanzenöl
1 Liter Gemüsebrühe
(1 EL Instantpulver)
200 g Kräuterfrischkäse,
bis 1 % Fett absolut
Salz
Pfeffer
1 Prise geriebene Muskatnuss
1 EL gehacktes Basilikum
4 Scheiben roher Schinken

1. Zucchini waschen und in Scheiben schneiden. Zwiebel schälen und würfeln. Öl in einem Topf erhitzen und Zuchinischeiben mit Zwiebelwürfeln darin kurz anbraten. Mit Brühe ablöschen und ca. 15 Minuten garen.

2. 150 g Frischkäse zufügen, Suppe pürieren und mit Salz, Pfeffer, Muskatnuss und Basilikum würzen. Schinken in Streifen schneiden. Zucchinisuppe mit restlichem Frischkäse garnieren und mit Schinkenstreifen bestreut servieren.

 860 kJ
206 kcal

Tomaten-Paprika-Suppe

Fertig in: 15 Minuten
Davon aktiv: 10 Minuten

Für 4 Personen:
500 g Tomaten
je 1 rote, gelbe und grüne Paprika
1 Zwiebel
2 EL Tomatenmark
5 EL Wasser
800 ml Gemüsebrühe
(3 TL Instantpulver)
Salz
Pfeffer
1/2 TL Paprikapulver
2 TL gehackte italienische Kräuter

1. Tomaten und Paprika waschen. Zwiebel schälen. Paprika entkernen und mit Tomaten und Zwiebel in Würfel schneiden. Tomaten-, Paprika- und Zwiebelwürfel mit Tomatenmark in Wasser ca. 5 Minuten andünsten.

2. Gemüse mit Brühe ablöschen und ca. 8 Minuten garen. Mit Salz, Pfeffer, Paprikapulver und Kräutern würzen. Tomaten-Paprika-Suppe servieren.

 410 kJ
98 kcal

Dazu passen …

…120 g Chorizo in Würfeln, mit dem Gemüse gegart. Der *ProPoints*® Wert pro Person erhöht sich auf 3.

Karottentopf mit Tatarbällchen

Fertig in: 50 Minuten
Davon aktiv: 35 Minuten

Für 4 Personen:
1 Zwiebel
750 g Karotten
750 g mehligkochende Kartoffeln
2 Stangen Lauch
1,2 Liter Gemüsebrühe
(2 EL Instantpulver)
400 g Tatar
1 EL Paniermehl
2 EL Magerquark
2 TL Senf
Salz
Pfeffer
1 EL Pflanzenöl
2 TL gehackte Petersilie
1 Prise geriebene Muskatnuss

1. Zwiebel schälen und fein würfeln. Karotten und Kartoffeln schälen und in Würfel schneiden. Lauch waschen und in Ringe schneiden.

2. Die Hälfte der Zwiebelwürfel mit Karotten- und Kartoffelwürfeln in Brühe ca. 15 Minuten garen. Tatar mit restlichen Zwiebelwürfeln, Paniermehl, Quark und Senf verkneten, salzen und pfeffern. Masse zu 16 Bällchen formen. Öl in einer Pfanne erhitzen und Bällchen darin ca. 8 Minuten rundherum braten.

3. Lauchringe und Petersilie ca. 5 Minuten vor Ende der Garzeit zum Eintopf geben und fertig garen. Mit Salz, Pfeffer und Muskatnuss abschmecken. Tatarbällchen zugeben und servieren.

pro Person | 8 ProPoints Wert | 1726 kJ
413 kcal

Kartoffelcremesuppe

Fertig in: 45 Minuten
Davon aktiv: 20 Minuten

Für 4 Personen:
600 g Kartoffeln
400 g Pastinaken
1 Zwiebel
1 Frühlingszwiebel
2 TL Pflanzenöl
1,4 Liter Gemüsebrühe
(2 EL Instantpulver)
100 g magere Schinkenwürfel
4 EL Schmand
Salz
Pfeffer
1 Prise geriebene Muskatnuss
2 EL gehackte Petersilie

1. Kartoffeln, Pastinaken und Zwiebel schälen und in Würfel schneiden. Frühlingszwiebel waschen und in Ringe schneiden.

2. 1 Teelöffel Öl in einem Topf erhitzen. Kartoffel-, Pastinaken- und Zwiebelwürfel darin ca. 5 Minuten andünsten. Mit Brühe ablöschen und ca. 15–20 Minuten köcheln lassen. Restliches Öl in einer Pfanne erhitzen und Schinkenwürfel darin kurz braten.

3. Kartoffelsuppe pürieren und mit Schmand verfeinern. Frühlingszwiebelringe zufügen. Mit Salz, Pfeffer und Muskatnuss abschmecken. Suppe mit Schinkenwürfeln und Petersilie bestreut servieren.

pro Person | 5 ProPoints Wert | 1047 kJ
250 kcal

Gyrossuppe mit Kräuterschafskäse

Fertig in: 60 Minuten
Davon aktiv: 25 Minuten

Für 4 Personen:
500 g Putenbrustfilet
1 Knoblauchzehe
2 TL Pflanzenöl
2 TL Gyrosgewürz
je 2 rote und grüne Paprika
200 g kleine Champignons
Salz
Pfeffer
1/2 TL gehackter Oregano
500 ml Gemüsebrühe
(2 TL Instantpulver)
250 ml Tomatensaft
150 g Schafskäse light
1 TL getrocknete Kräuter der Provence
2 EL Schmand
4 Ecken Fladenbrot

1906 kJ
456 kcal

1. Putenbrustfilet abspülen, trocken tupfen und in Streifen schneiden. Knoblauch pressen und mit Öl und Gyrosgewürz vermischen. Putenbruststreifen mit Marinade in einen Gefrierbeutel geben, gut verkneten und im Kühlschrank ca. 15 Minuten marinieren.

2. Paprika waschen, entkernen und in Würfel schneiden. Champignons trocken abreiben und halbieren. Putenbruststreifen mit Marinade in einem Topf ca. 5 Minuten rundherum braten. Paprikawürfel und Champignonhälften zufügen und kurz mitbraten. Mit Salz, Pfeffer und Oregano würzen.

3. Mit Brühe und Tomatensaft ablöschen und ca. 20 Minuten garen. Schafskäse würfeln und mit Kräutern der Provence mischen. Gyrostopf mit Schmand verfeinern und mit Salz und Pfeffer abschmecken. Gyrossuppe mit Kräuterschafskäse bestreuen und mit Fladenbrot servieren.

Broccolisuppe mit Lachs

Fertig in: 25 Minuten
Davon aktiv: 10 Minuten

Für 4 Personen:
500 g mehligkochende Kartoffeln
1 kg Broccoli
1 Liter Gemüsebrühe
(1 EL Instantpulver)
100 g Frischkäse, bis 1 % Fett absolut
Salz
Pfeffer
1 Prise geriebene Muskatnuss
4 Scheiben Räucherlachs

1. Kartoffeln schälen und würfeln. Broccoli waschen und in Röschen teilen. Brühe aufkochen und Kartoffelwürfel mit Broccoliröschen darin ca. 15 Minuten garen.

2. Suppe pürieren, mit Frischkäse verfeinern und mit Salz, Pfeffer und Muskatnuss abschmecken. Räucherlachs in Streifen schneiden. Broccolisuppe mit Lachsstreifen bestreut servieren.

pro Person
1170 kJ
280 kcal

Kräutersuppe mit Erbsen

Fertig in: 25 Minuten
Davon aktiv: 10 Minuten

Für 6 Personen:
4 Schalotten
2 TL Pflanzenöl
500 g Erbsen (TK)
1 Liter Geflügelbrühe
(1 EL Instantpulver)
2 EL gehackte Petersilie
2 EL gehackter Oregano
3 EL gehacktes Basilikum
3 EL gehackter Kerbel
Salz
Pfeffer
2 TL Limettensaft
1 Prise Zucker
3 EL Crème légère

 pro Person
464 kJ
111 kcal

1. Schalotten schälen und in Würfel schneiden. Öl in einem Topf erhitzen und Schalottenwürfel darin ca. 2 Minuten dünsten. Erbsen zugeben, mit Brühe ablöschen und ca. 10 Minuten köcheln lassen. Backofen auf 200° C (Gas: Stufe 3, Umluft: 180° C) vorheizen.

2. Suppe mit Petersilie, Oregano, Basilikum und Kerbel verfeinern und pürieren. Mit Salz, Pfeffer, Limettensaft und Zucker würzen. Suppe mit Crème légère garnieren und servieren.

Linsen-Kürbis-Suppe

Fertig in: 30 Minuten
Davon aktiv: 20 Minuten

Für 4 Personen:
1 Hokkaidokürbis (ca. 800 g)
1 Zwiebel
1,3 Liter Wasser
200 g trockene rote Linsen
1 kleine rote Chilischote
400 g Tatar
3 EL Magerquark
1 TL gehackter Koriander
Salz
Pfeffer
1 EL Pflanzenöl

 pro Person
1501 kJ
359 kcal

1. Kürbis waschen, entkernen und halbieren, Kerne mit einem Löffel entfernen und Kürbis würfeln. Zwiebel schälen und in Würfel schneiden. Zwiebelwürfel in 5 Esslöffeln Wasser ca. 2 Minuten glasig dünsten. Hokkaidowürfel und Linsen zufügen und weitere ca. 5 Minuten dünsten. Mit restlichem Wasser ablöschen und ca. 15 Minuten garen.

2. Chilischote waschen, entkernen und würfeln. Tatar mit Quark, Chilischotenwürfeln und Koriander verkneten. Tatarmasse mit Salz und Pfeffer würzen und zu 16 Bällchen formen. Öl in einer Pfanne erhitzen und Tatarbällchen darin ca. 8 Minuten rundherum braten. Suppe pürieren und mit Salz und Pfeffer abschmecken. Linsen-Kürbis-Suppe mit Chilitatarbällchen servieren.

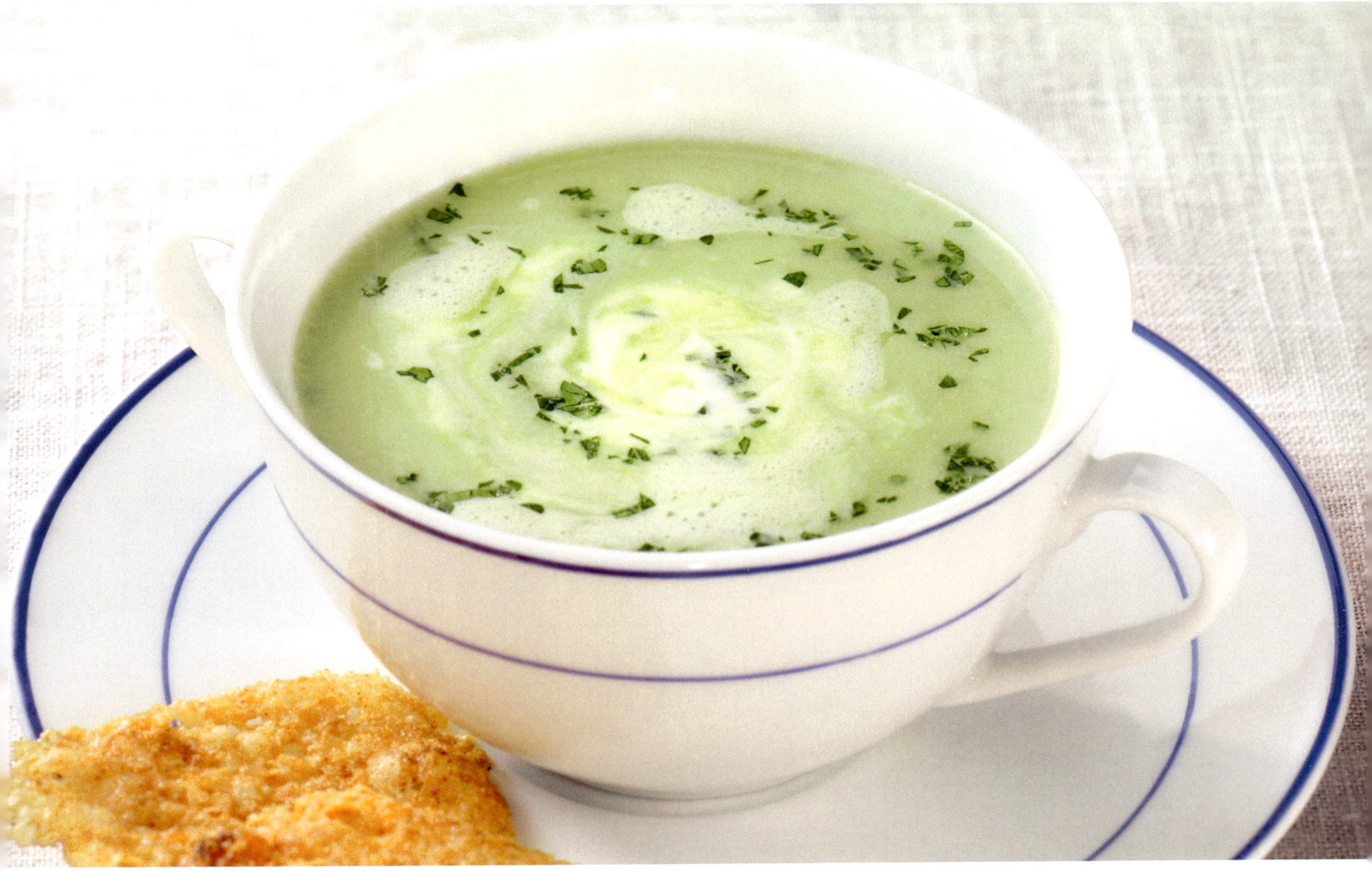
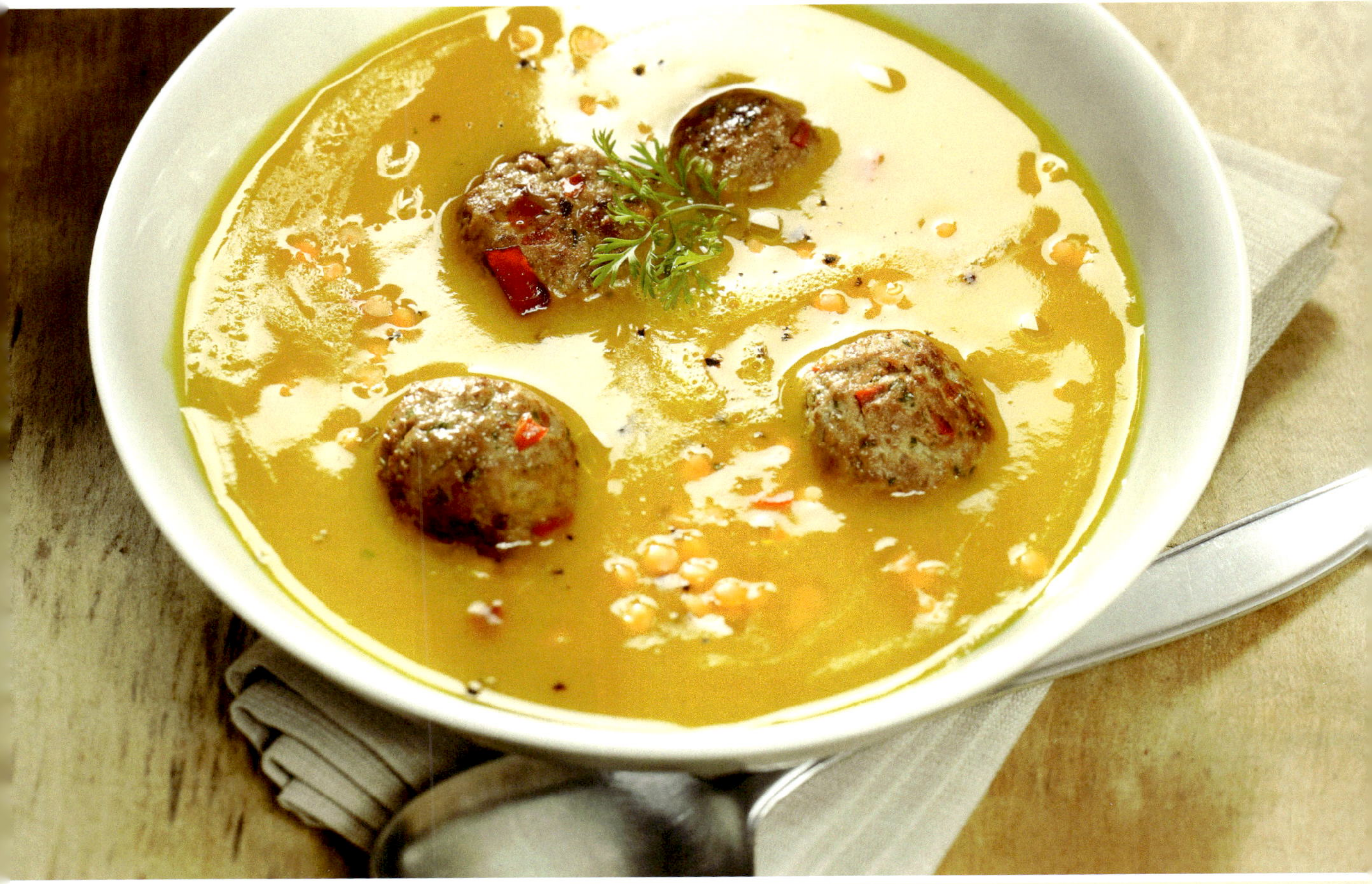

Fleisch & Geflügel

Herzhaft und saftig. Klassiker wie Schnitzel, Rouladen und Hackbraten
sind hier ebenso vertreten wie Thaicurry oder Saltimbocca.

Fleischsorten

Fleisch ist ein wertvolles Nahrungsmittel. Es ist reich an Mineralstoffen, Spurenelementen und Vitaminen und gleichzeitig eine gute Eiweißquelle. Es gibt zahlreiche fettarme Fleischstücke, die sich für eine figurbewusste Ernährung optimal eignen.

Kalb

Kalbfleisch stammt von 3–6 Monate alten Rindern. Es verfügt über eine sehr feine Faserstruktur und ist deshalb besonders zart. Da es sehr fettarm ist, sollte es schonend zubereitet werden, damit es nicht trocken wird. **Kalbsschnitzel** sind dünne Fleischstücke, die aus der Oberschale, dem Rücken oder der Nuss geschnitten werden.

Lamm

Als Lämmer werden Schafe bezeichnet, die nicht älter als 12 Monate sind. Aus ihren Lenden werden die **Lammfilets** geschnitten, deren Fleisch sehr zart ist und einen geringen Fettanteil hat. Es eignet sich hervorragend zum Kurzbraten und sollte danach innen noch leicht rosa sein.

Geflügel

Die meisten gängigen Geflügelsorten sind fettarm und eiweißreich. In der leichten Küche wird bevorzugt Puten- oder **Hähnchenbrustfilet** verwendet, da es sich dabei um reines Muskelfleisch handelt. Auch die Keulen von Hähnchen und Pute sind an sich mager, wenn man die fette Haut vor der Zubereitung entfernt.
Enten und Gänse gelten hingegen als fette Geflügelarten. Geflügelfleisch sollte immer vollständig durchgegart werden.

Rind

Viele Fleischstücke vom Rind sind sehr mager. Das Filet ist als feinstes Stück vom Rind besonders zart. Sehr beliebt sind die daraus geschnittenen Filetsteaks, die nur kurz von beiden Seiten gebraten oder gegrillt werden.

Hüftsteaks sind im Vergleich zu Rumpsteaks preiswerter und haben einen geringeren Fettanteil. Damit sie beim Braten schön saftig bleiben, sollten sie vorher mariniert werden.
Teilstücke aus der Ober- und Unterschale des Rinds bieten sich für Rouladen-, Gulasch- und Bratengerichte an, bei denen das Fleisch lange geschmort wird. Sie sind zum Kurzbraten nicht geeignet.

Im Gegensatz zu klassischem Rindergehackten, das z. B. aus fetteren Teilstücken wie Brust oder Schulter hergestellt wird, handelt es sich bei **Tatar** um sehr fein zerkleinertes Rinderfilet. Somit ist es eine fettarme Alternative zu Schweine- oder Rinderhack und bietet vielfältige Einsatzmöglichkeiten.

Schwein

Schweinefilet ist das begehrteste Teilstück des Schweins, da es von Natur aus zart und saftig ist. Schweinefilet lässt sich vielseitig zubereiten – ob am Stück oder in Medaillons geschnitten. Das Fleisch aus der Oberschale lässt sich hervorragend zu Schnitzeln oder Geschnetzeltem verarbeiten. Aus der Unterschale entstehen meist herzhafte und saftige Braten.

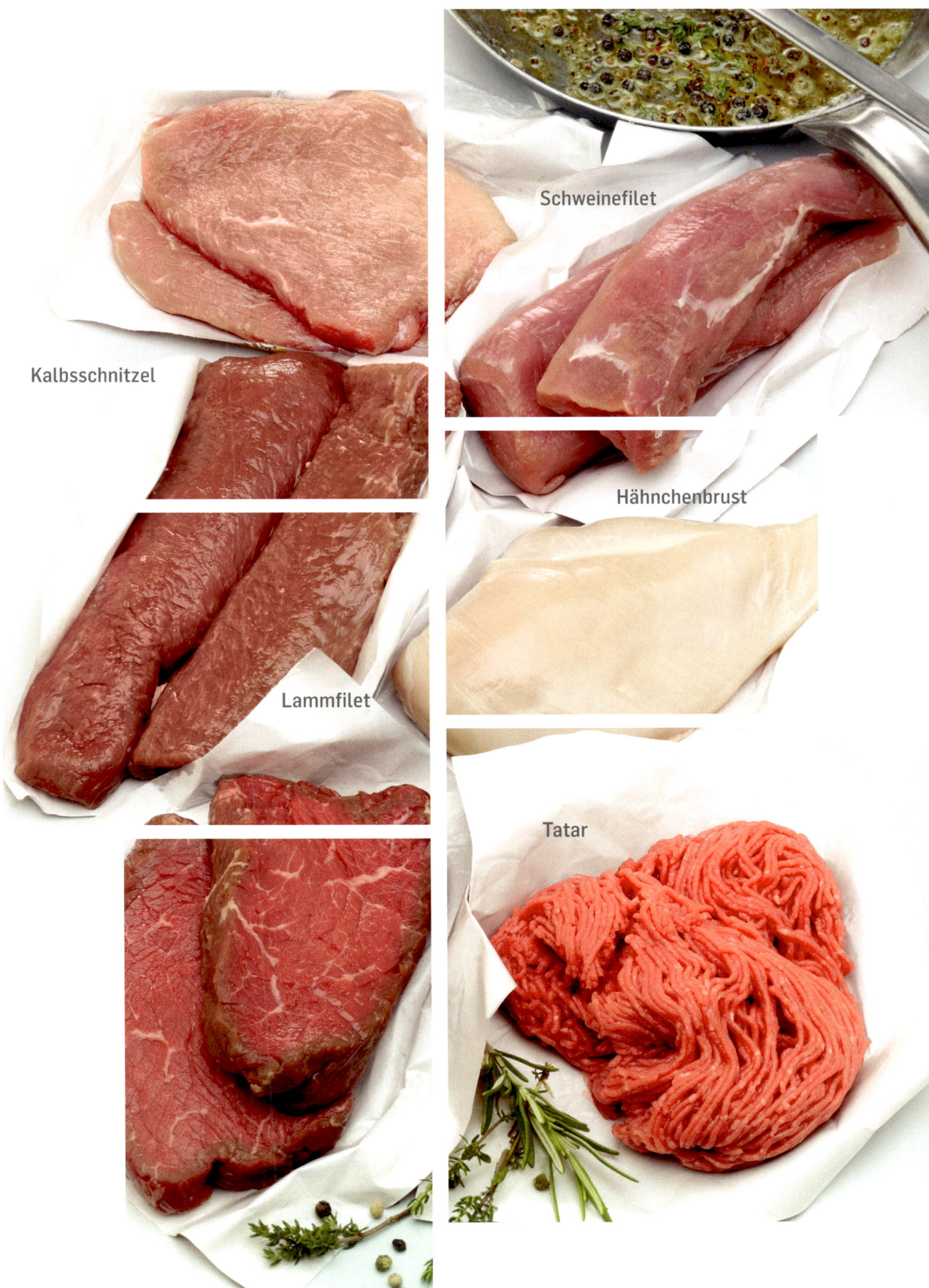

Kalbsschnitzel

Schweinefilet

Lammfilet

Hähnchenbrust

Tatar

Hüftsteak

Fleischkunde

Qualität

Eines der wichtigsten Qualitätsmerkmale von Fleisch ist die Frische – frisches Fleisch zeichnet sich durch eine glatte und trockene Oberfläche aus und verfügt über einen neutralen Geruch. Außerdem ist es fest und sollte beim Druck mit dem Finger nicht zu sehr nachgeben.

Frisches Fleisch lässt sich im Übrigen auch an seiner sortentypischen Farbe erkennen:

Hähnchen- und Putenfleisch: hellrosa
Schweinefleisch: hell- bis zartrosa
Rindfleisch: hell- bis dunkelrot
Kalbfleisch: rosa bis hellrot
Lamm: hellrot

Übrigens ...

... können Sie zäh gewordenen Braten durch eine recht einfache, aber effektive Methode noch retten: Schneiden Sie ihn in dünne Scheiben und lassen ihn in der Sauce einige Zeit ziehen. Dadurch nimmt das Fleisch Flüssigkeit auf, wird wieder saftiger und gewinnt zusätzlich an Aroma.

Lagerung

Fleisch ist ein leicht verderbliches Lebensmittel, daher ist die richtige Lagerung wichtig. Verwenden Sie z. B. Porzellan- oder Glasgefäße, die mit Frischhaltefolie luftdicht verschlossen sind. Praktisch sind auch Frischhaltedosen, die über einen Vakuumdeckel verfügen.

Aus hygienischen Gründen sollte Fleisch immer bei 0–5° C im Kühlschrank gelagert werden. Diese Temperatur herrscht dort in der Regel über dem Gemüsefach. Schweine- und Kalbfleisch hält sich dort etwa 2–3 Tage, Rindfleisch bleibt bis zu 4 Tage frisch. Eine Ausnahme bildet Hackfleisch, das aufgrund seiner großen Oberfläche leicht verderblich ist. Daher sollte auch Tatar immer am Tag des Einkaufs verbraucht werden.

Auch während des Marinierens muss Fleisch gekühlt werden. Am besten geben Sie Fleisch und Marinade in einen verschließbaren Gefrierbeutel, kneten alles gut durch und legen es dann wieder in den Kühlschrank.

Frisches Fleisch eignet sich auch gut zum Einfrieren. Allerdings sollte es so schonend wie möglich wieder auftauen – das bedeutet auch so langsam wie möglich, denn durch zu schnelles Auftauen kann das Fleisch trocken werden. Idealerweise sollte es dafür über mehrere Stunden (z. B. über Nacht) im Kühlschrank gelagert werden. Besonders hygienisch ist es, wenn Sie die Fleischstücke in ein flaches Sieb legen, dieses in eine Schüssel hängen und zugedeckt in den Kühlschrank stellen. Auf diese Weise kann das Tauwasser besser abfließen. Aufgetautes Fleisch sollten Sie vor der Weiterverarbeitung unter fließendem Wasser abspülen und anschließend mit Küchenpapier trocken tupfen.

Steaks richtig braten

Das richtige Braten beeinflusst maßgeblich den Genusswert eines guten Steaks. Daher sollten Sie folgende Punkte beachten:

Tupfen Sie das Fleisch vor dem Braten mit Küchenpapier trocken.

Geben Sie das Steak erst in die Pfanne, wenn das Öl die richtige Brattemperatur erreicht hat. Zur Kontrolle halten Sie einen Holzstiel (z. B. vom Kochlöffel) in das Fett. Es ist heiß genug, wenn sich kleine Bläschen bilden.

Beim Anbraten des Steaks bilden sich feine Röstaromen.

Die Bratzeit richtet sich nach der Dicke des Fleischstücks und dem gewünschten Gargrad. Bei ca. 2–3 cm dicken Steaks gilt Folgendes:

- Nach ca. **2–3 Minuten** je Seite sind die Steaks englisch oder rare, d. h. von innen roh.
- Nach ca. **3–4 Minuten** je Seite ist das Ergebnis medium, d. h. es hat innen einen rosa Kern.
- Nach ca. **5 Minuten** je Seite ist das Fleisch well done, d. h. es ist durchgegart.

Lassen Sie das Fleisch nach dem Braten in Alufolie gewickelt ca. 10 Minuten ruhen und würzen es erst im Anschluss.

Schnitzel Wiener Art

Fertig in: 30 Minuten
Davon aktiv: 15 Minuten

Für 4 Personen:
4 Schweineschnitzel (à 120 g)
Salz
Pfeffer
1 EL Mehl
1 Ei
3 EL Paniermehl
2 EL Pflanzenöl

1023 kJ
245 kcal

1. Schnitzel trocken tupfen, gleichmäßig mit einem Fleischklopfer (ersatzweise Boden einer mittelgroßen Pfanne) flach klopfen, salzen und pfeffern. Mehl in einen tiefen Teller geben und Schnitzel darin wenden.

2. Ei in einem weiteren tiefen Teller verquirlen und die Schnitzel beidseitig durch die Flüssigkeit ziehen.

3. Paniermehl in einen dritten Teller geben und Schnitzel ebenfalls darin wenden.

4. Öl portionsweise in einer Pfanne erhitzen und Schnitzel nacheinander ca. 4 – 5 Minuten von jeder Seite braten. Dazu passt Kartoffelsalat.

Statt Schweineschnitzel ...

... können Sie auch Kalbsschnitzel oder Hähnchenbrustfilet verwenden. Der *ProPoints* ® Wert pro Person ändert sich nicht.

Sauerbraten klassisch

Marinierzeit: 3 Tage
Fertig in: 90 Minuten
Davon aktiv: 35 Minuten

Für 4 Personen:
1 Bund Suppengemüse
1 Zwiebel
250 ml Rotweinessig
1,2 Liter Gemüsebrühe
(2 EL Instantpulver)
10 Pfefferkörner
4 Wacholderbeeren
5 Nelken
2 Lorbeerblätter
800 g mageres Rindfleisch
(z. B. aus der Oberschale)
1 EL Pflanzenöl
600 g festkochende Kartoffeln
Salz
1 kg grüne Bohnen (TK)
1 TL gehacktes Bohnenkraut
4 EL Apfelkompott, ohne Zucker
Pfeffer

2149 kJ
215 kcal

1. Suppengemüse waschen, gegebenenfalls schälen und in Stücke schneiden. Zwiebel schälen und in Spalten schneiden. Essig und Brühe mit Suppengemüsestücken, Zwiebelspalten, Pfefferkörnern, Wacholderbeeren, Nelken und Lorbeerblättern aufkochen und abkühlen lassen. Rindfleisch trocken tupfen, in die Marinade geben und ca. 3 Tage kalt gestellt ziehen lassen. Darauf achten, dass das Fleisch mit Marinade bedeckt ist, und gelegentlich wenden.

2. Fleisch herausnehmen und trocken tupfen. Marinade durch ein Sieb gießen und Flüssigkeit dabei auffangen. Öl in einem Bräter erhitzen und Sauerbraten darin von allen Seiten kräftig anbraten. Abgetropftes Suppengemüse zugeben und kurz mitbraten. Mit 750 ml Marinade ablöschen und ca. 75 Minuten zugedeckt schmoren lassen.

3. Kartoffeln schälen und in Salzwasser ca. 20 Minuten garen. Bohnen mit Bohnenkraut in Salzwasser ca. 12 Minuten garen. Kartoffeln und Bohnen abgießen. Fleisch herausnehmen und im Backofen bei 60° C warm stellen. Bratenfond durch ein Sieb gießen, dabei 500 ml Flüssigkeit auffangen. Aufkochen, Suppengemüse und Apfelkompott zugeben und pürieren. Sauce mit Salz und Pfeffer abschmecken. Sauerbraten mit Sauce, Salzkartoffeln und Bohnen servieren.

Hähnchenschenkel in Aprikosensauce

Fertig in: 60 Minuten
Davon aktiv: 30 Minuten

❄

Für 2 Personen:
1 Glas Aprikosenhälften, ohne Zucker
(200 g Abtropfgewicht)
3 Karotten
1 Zwiebel
1 Stück Ingwer (ca. 1 cm)
2 Hähnchenschenkel, ohne Haut
(à 220 g)
Salz
Pfeffer
1 TL süßsaure Sauce
1 TL Honig
1 TL Sojasauce
2 TL Pflanzenöl
150 ml Gemüsebrühe
(1 TL Instantpulver)
90 g trockener Basmatireis

 2015 kJ
482 kcal

1. Backofen auf 200° C (Gas: Stufe 3, Umluft: 180° C) vorheizen. Aprikosenhälften abtropfen lassen und 50 ml Saft auffangen. Karotten, Zwiebel und Ingwer schälen, Karotten in Scheiben und Zwiebel in Würfel schneiden. Ingwer fein hacken.

2. Hähnchenschenkel abspülen, trocken tupfen und mit Salz und Pfeffer würzen. Für die Marinade süßsaure Sauce mit Honig, Sojasauce und Öl verrühren. Hähnchenschenkel mit Marinade bestreichen, in einer Pfanne ca. 3–4 Minuten von jeder Seite anbraten und herausnehmen.

3. Aprikosensaft, Ingwer, Karottenscheiben und Zwiebelwürfel in eine Auflaufform (ca. 32 x 21 cm) geben. Mit Brühe auffüllen und mit Salz und Pfeffer würzen, Hähnchenschenkel zufügen und im Backofen auf mittlerer Schiene ca. 30 Minuten garen. Reis nach Packungsanweisung in Salzwasser garen. Aprikosenhälften ca. 5 Minuten vor Ende der Garzeit zugeben. Hähnchenschenkel in Aprikosensauce mit Basmatireis servieren.

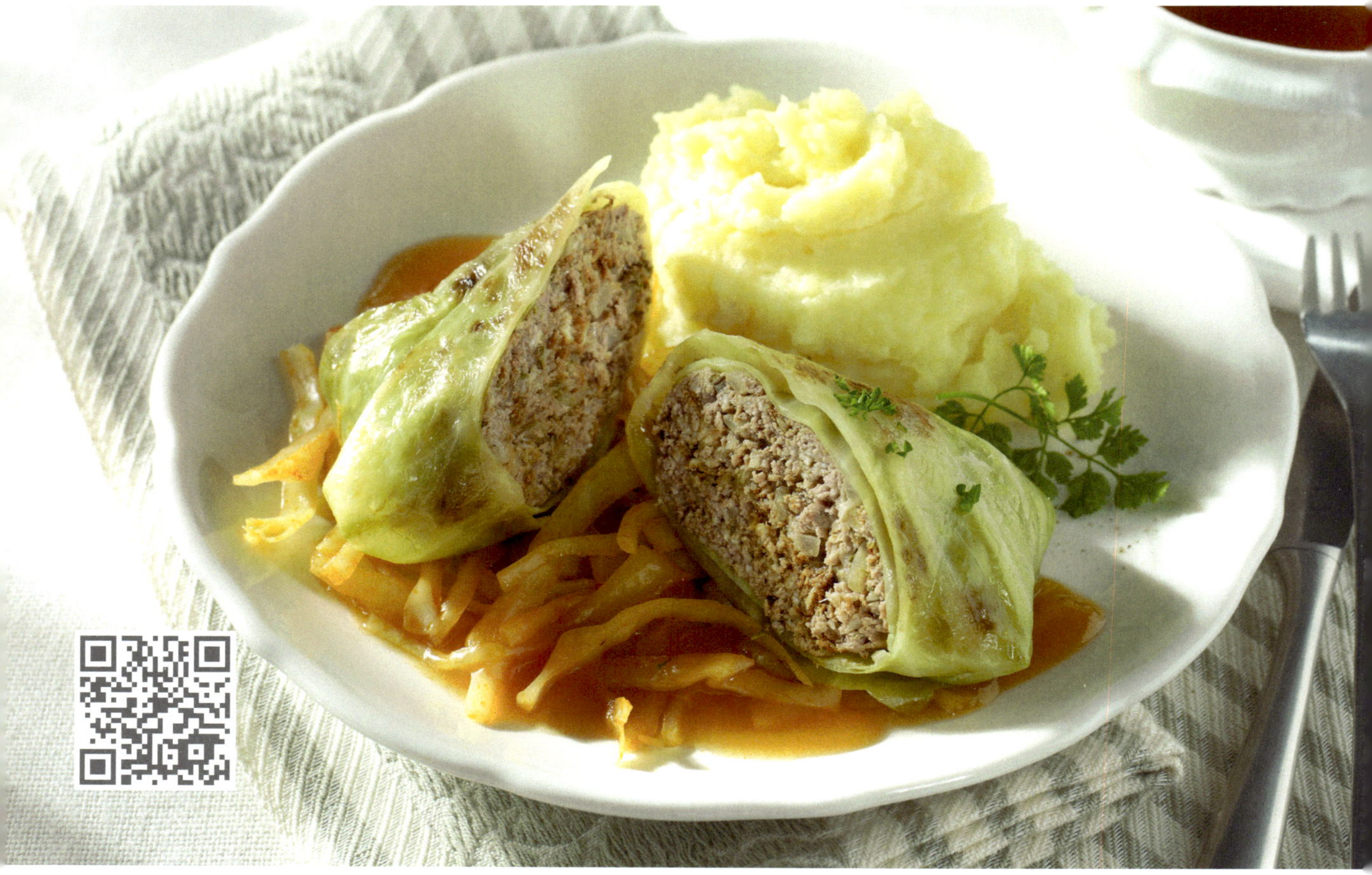

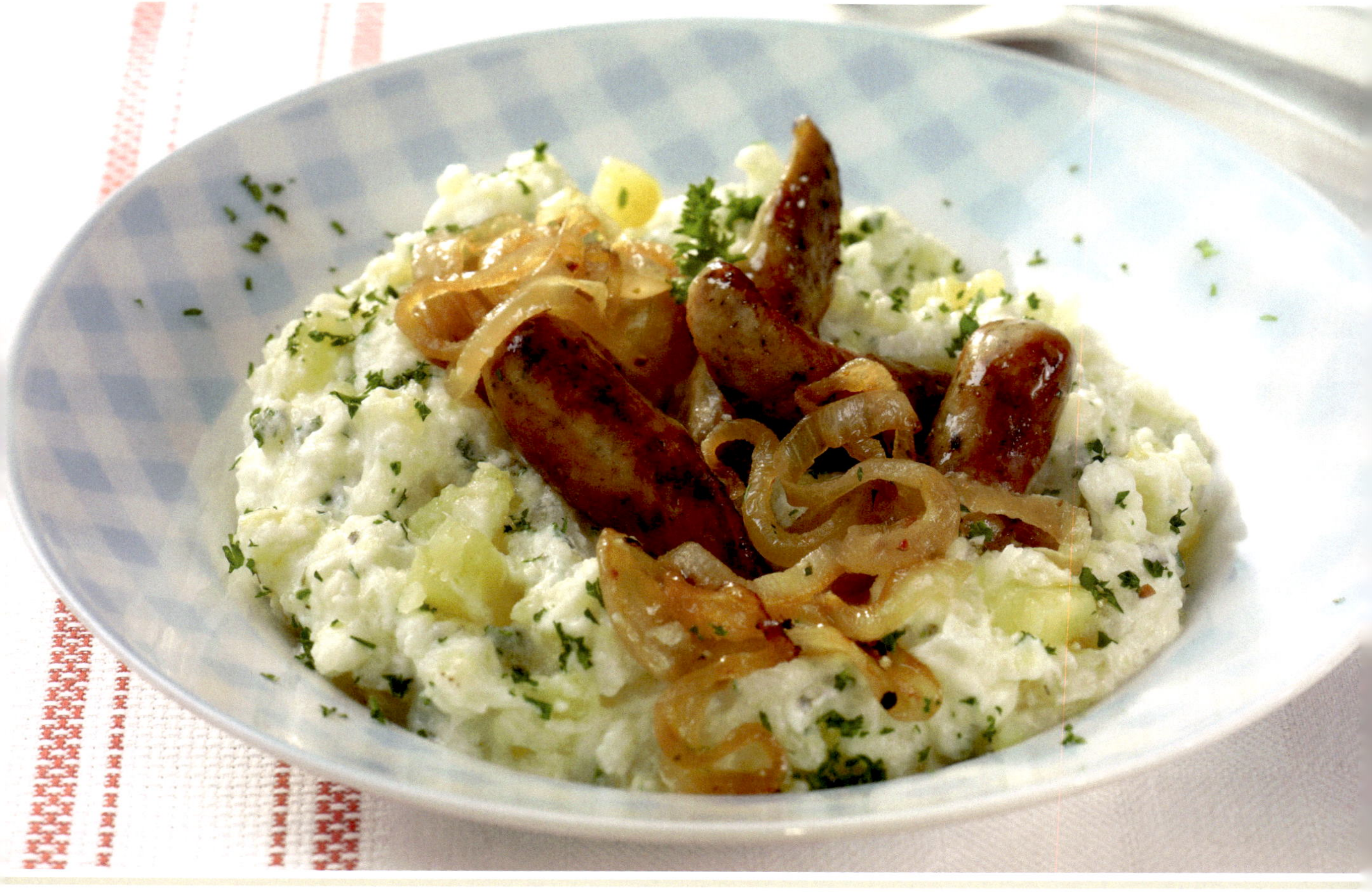

Kohlrouladen mit Kartoffelpüree

Fertig in: 65 Minuten
Davon aktiv: 35 Minuten

Für 2 Personen:

1 Zwiebel
200 g Tatar
1 TL Senf
1 Eigelb
2 EL Haferflocken
Salz, Pfeffer
1 TL gehackter Majoran
1 Weißkohl (ca. 1 kg)
2 TL Pflanzenöl
1 TL Tomatenmark
250 ml Gemüsebrühe
(1 TL Instantpulver)
350 g mehligkochende Kartoffeln
4 EL fettarme Milch
1 TL Speisestärke
1 EL Wasser

 pro Person
10 ProPoints Wert | 2295 kJ
549 kcal

1. Zwiebel schälen, fein würfeln und mit Tatar, Senf, Eigelb und Haferflocken verkneten. Mit Salz, Pfeffer und Majoran würzen und zu 2 ovalen Klößen formen. Kohl putzen und 2 große Blätter ablösen. Diese in kochendem Salzwasser ca. 3–5 Minuten vorgaren. Abgießen, kalt abschrecken und trocken tupfen. Jeweils einen Hackkloß in die Mitte eines Kohlblattes legen und fest aufrollen. Mit Küchengarn umwickeln. Restlichen Weißkohl vierteln, den Strunk entfernen und in Streifen schneiden.

2. Öl in einem Topf erhitzen, Rouladen darin ca. 3–4 Minuten rundherum kräftig anbraten, herausnehmen, Tomatenmark und Weißkohlstreifen zufügen und anschwitzen. Mit Brühe ablöschen, Rouladen zufügen und ca. 30 Minuten zugedeckt köcheln lassen. Kartoffeln schälen und in Salzwasser ca. 15 Minuten garen. Abgießen, Milch zufügen und zerstampfen. Rouladen herausnehmen, Stärke mit Wasser anrühren, in den Bratensud einrühren, kurz aufkochen lassen und mit Salz und Pfeffer würzen. Kohlrouladen mit Kartoffelpüree und Sauce servieren.

Nürnberger mit Kartoffelstampf

Fertig in: 30 Minuten
Davon aktiv: 20 Minuten

Für 4 Personen:

800 g mehligkochende Kartoffeln
1 kg Blumenkohlröschen (TK)
750 ml Gemüsebrühe
(3 TL Instantpulver)
8 Nürnberger Rostbratwürstchen
1 Gemüsezwiebel
2 TL Pflanzenöl
2 EL gehackte Petersilie
100 g Kräuterfrischkäse,
bis 1 % Fett absolut
Salz, Pfeffer
1 Prise geriebene Muskatnuss

1. Kartoffeln schälen und würfeln. Mit Blumenkohlröschen in Brühe ca. 20 Minuten garen. Rostbratwürstchen schräg in Stücke schneiden. Zwiebel schälen und in Streifen schneiden. Öl in einer Pfanne erhitzen und Würstchenstücke mit Zwiebelstreifen darin ca. 5 Minuten braun braten.

2. Kartoffeln und Blumenkohl abgießen, dabei 200 ml Brühe auffangen. Kartoffeln und Blumenkohl mit Brühe grob zerstampfen. Mit Petersilie und Kräuterfrischkäse verfeinern und mit Salz, Pfeffer und Muskatnuss würzen. Nürnberger mit Kartoffelstampf servieren.

 pro Person
9 ProPoints Wert | 1764 kJ
422 kcal

73

Feiertagsrouladen mit Kroketten

Fertig in: 2 Stunden
Davon aktiv: 40 Minuten

Für 4 Personen:
4 Rinderrouladen (à 120 g)
Salz
Pfeffer
2 EL Preiselbeeren (Konserve)
2 Schalotten
2 Kräuterprinten (à 20 g)
2 TL Pflanzenöl
400 ml Rinderfond
1 Rotkohl (ca. 1,2 kg)
2 säuerliche Äpfel (z. B. Elstar)
250 ml Gemüsebrühe
(1 TL Instantpulver)
1 EL Apfelessig
12 Kartoffelkroketten (TK)
1 EL Speisestärke
2 EL Wasser
1 EL Schmand

pro Person | 2558 kJ
612 kcal

1. Rouladen trocken tupfen, etwas flach klopfen, salzen, pfeffern und mit Preiselbeeren bestreichen. Schalotten schälen und in Streifen schneiden. Printen zerbröseln und mit Schalottenstreifen auf den Rouladen verteilen. Aufrollen und mit Rouladennadeln oder Holzspießen feststecken.

2. Öl in einem Topf erhitzen und Rouladen darin ca. 5 Minuten von allen Seiten kräftig anbraten. Mit Rinderfond ablöschen und zugedeckt ca. 90 Minuten schmoren.

3. Rotkohl putzen, vierteln, den Strunk entfernen und Rotkohl in dünne Streifen schneiden. Äpfel vierteln, entkernen, schälen und in Scheiben schneiden. Rotkohlstreifen und Apfelscheiben in Brühe zugedeckt ca. 50 Minuten garen. Mit Salz, Pfeffer und Essig würzen. Kroketten nach Packungsanweisung im Backofen garen.

4. Rouladen herausnehmen. Stärke mit Wasser und Schmand verrühren, unter die Sauce rühren und ca. 2 Minuten köcheln lassen. Sauce mit Salz und Pfeffer abschmecken. Rouladen mit Sauce, Rotkohl und Kroketten servieren.

Gefüllte Kalbsschnitzel mit Broccoli

Fertig in: 45 Minuten
Davon aktiv: 20 Minuten

❄

Für 2 Personen:
500 g Broccoliröschen (TK)
Salz
100 g Pfifferlinge
(ersatzweise Konserve)
2 Schalotten
2 TL Pflanzenöl
Pfeffer
2 Kalbsschnitzel (à 150 g)
1 EL geriebener Parmesan
200 ml Gemüsebrühe
(1 TL Instantbrühe)
3 EL Crème légère
120 g Schupfnudeln

 pro Person
9 ProPoints Wert | 1873 kJ
448 kcal

1. Broccoliröschen in Salzwasser ca. 8–10 Minuten garen. Pfifferlinge trocken abreiben, gegebenenfalls waschen und 50 g klein schneiden. Schalotten schälen und in Würfel schneiden. 1 Teelöffel Öl in einer Pfanne erhitzen und Pfifferlinge mit Schalottenwürfeln darin ca. 2–3 Minuten braten. Mit Salz und Pfeffer würzen und herausnehmen.

2. Kalbsschnitzel trocken tupfen, dünner klopfen und mit Salz und Pfeffer würzen. Pilz-Schalotten-Mischung jeweils auf eine Schnitzelhälfte geben, mit Parmesan bestreuen und zusammenklappen. Mit Holzspießen längs fixieren.

3. Restliches Öl im Bratensatz erhitzen, Schnitzel darin ca. 5 Minuten von jeder Seite braten und herausnehmen. Bratensatz mit Brühe und Crème légère ablöschen. Schupfnudeln und restliche Pfifferlinge darin ca. 3 Minuten erhitzen. Broccoli abgießen. Gefüllte Kalbsschnitzel mit Broccoli und Schupfnudeln servieren.

Kräuterbraten mit Kartoffel-Gemüse-Pfanne

Fertig in: 2 Stunden 40 Minuten
Davon aktiv: 40 Minuten

Für 4 Personen:
2 EL getrocknete Kräuter der Provence
1 EL Olivenöl
Salz
Pfeffer
800 g magerer Schweinebraten
(z. B. aus der Schulter)
900 ml Gemüsebrühe
(1 EL Instantpulver)
700 g festkochende Kartoffeln
800 g Karotten
2 Fenchelknollen (ca. 400 g)
2 TL Pflanzenöl
1 EL gehackte Petersilie
1 EL Speisestärke
2 EL Wasser

pro Person
2138 kJ
511 kcal

1. Kräuter der Provence mit Olivenöl verrühren, salzen und pfeffern. Schweinebraten trocken tupfen und mit Würzöl einstreichen. Im Kühlschrank ca. 60 Minuten ziehen lassen. Backofen auf 180° C (Gas: Stufe 2, Umluft: 160° C) vorheizen.

2. Kräuterbraten in einen Bräter geben und ohne Deckel unter Zugabe von 450 ml Brühe im Backofen im unteren Drittel ca. 90 Minuten garen. Kartoffeln und Karotten schälen und in Scheiben schneiden. Fenchel waschen und Fenchelgrün zur Seite stellen. Fenchel halbieren, den Strunk entfernen und Fenchel in Streifen schneiden.

3. Öl in einer Pfanne erhitzen, Kartoffel- und Karottenscheiben mit Fenchelstreifen darin ca. 5 Minuten anbraten. Mit 200 ml Brühe ablöschen und zugedeckt ca. 10 Minuten garen. Fenchelgrün hacken. Gemüse mit Fenchelgrün, Petersilie, Salz und Pfeffer würzen und weitere ca. 5 Minuten ohne Deckel garen.

4. Kräuterbraten aus dem Bräter nehmen und den Sud in einen Topf geben. Mit Brühe auf 250 ml auffüllen und mit Salz und Pfeffer abschmecken. Stärke mit Wasser anrühren, in die Sauce rühren und kurz aufkochen lassen. Kräuterbraten mit Sauce und Kartoffel-Gemüse-Pfanne servieren.

Saltimbocca mit Ofengemüse

Fertig in: 60 Minuten
Davon aktiv: 30 Minuten

Für 4 Personen:
1 Hokkaidokürbis (ca. 800 g)
3 rote Paprika
800 g kleine Kartoffeln
Salz
Pfeffer
1 TL gehackter Thymian
1 TL gehackter Majoran
2 TL Honig
2 TL Pflanzenöl
1 EL Zitronensaft
4 Kalbsschnitzel (à 120 g)
4 Blätter Salbei
4 Scheiben Parmaschinken
2 TL Olivenöl

pro Person

1996 kJ
478 kcal

1. Backofen auf 200° C (Gas: Stufe 3, Umluft: 180° C) vorheizen. Kürbis waschen, halbieren, die Kerne mit einem Löffel entfernen und Kürbisfruchtfleisch in Stücke schneiden. Paprika waschen, entkernen und in Spalten schneiden. Kartoffeln schälen und vierteln.

2. Kürbisstücke mit Paprikaspalten und Kartoffelvierteln auf einem mit Backpapier ausgelegten Backblech verteilen. Mit Salz, Pfeffer, Thymian und Majoran würzen. Honig mit Öl und Zitronensaft verrühren und über das Gemüse träufeln. Im Backofen auf mittlerer Schiene ca. 45 Minuten garen.

3. Kalbsschnitzel trocken tupfen, salzen und pfeffern. Salbei waschen und trocken schütteln. Kalbsschnitzel mit Salbeiblättern und Parmaschinken belegen und mit Holzspießen feststecken. Olivenöl in einer Pfanne erhitzen und Saltimbocca darin ca. 2–3 Minuten von jeder Seite braten. Saltimbocca mit Ofengemüse servieren.

Pfeffersteaks mit Kartoffelgratin

Fertig in: 70 Minuten
Davon aktiv: 40 Minuten

Für 4 Personen:
800 g festkochende Kartoffeln
Salz
2 Knoblauchzehen
1/2 Bund Frühlingszwiebeln
1 EL Halbfettmargarine
1 EL Mehl
200 ml fettarme Milch
250 ml Gemüsebrühe
(1 TL Instantpulver)
Pfeffer
80 g geriebener Käse, 30 % Fett i. Tr.
1 Römersalat
1 rote Zwiebel
4 TL Pflanzenöl
2 EL heller Balsamicoessig
1 TL Senf
1 TL gemischte gehackte Kräuter
4 Rindersteaks (à 150 g)
grob gemahlener bunter Pfeffer

pro Person
 2086 kJ
499 kcal

1. Kartoffeln schälen und in Salzwasser ca. 15 Minuten vorgaren. 1 Knoblauchzehe schälen, halbieren und eine Auflaufform (ca. 20 x 30 cm) damit ausreiben. Frühlingszwiebeln waschen und in feine Ringe schneiden. Kartoffeln abgießen und in Scheiben schneiden. Kartoffelscheiben und Frühlingszwiebelringe in die Form schichten. Jede Schicht mit etwas Salz würzen.

2. Backofen auf 200° C (Gas: Stufe 3, Umluft: 180° C) vorheizen. Margarine in einem Topf schmelzen. Mehl einrühren und anschwitzen. Milch und 150 ml Brühe unter Rühren zugießen und ca. 1 Minute köcheln lassen. Restlichen Knoblauch pressen und zugeben. Bechamelsauce mit Salz und Pfeffer abschmecken, über die Kartoffelscheiben geben und mit Käse bestreuen. Kartoffelgratin im Backofen auf mittlerer Schiene ca. 30 Minuten goldbraun backen.

3. Salat waschen, trocken schleudern und in mundgerechte Stücke zerteilen. Zwiebel schälen und in Streifen schneiden. Für das Dressing 2 Teelöffel Öl mit Essig, Senf, restlicher Brühe und Kräutern verrühren, salzen, pfeffern und mit den Salatzutaten mischen.

4. Rindersteaks trocken tupfen. Restliches Öl in einer Pfanne erhitzen und Steaks darin ca. 3–4 Minuten von jeder Seite braten. Mit Salz und Pfeffer würzen. Pfeffersteaks mit Kartoffelgratin und Salat servieren.

Entenbrustfilets in Orangensoße

Fertig in: 45 Minuten
Davon aktiv: 25 Minuten

Für 4 Personen:
4 Entenbrustfilets, ohne Haut (à 120 g)
2 TL Pflanzenöl
Salz
Pfeffer
200 g trockene Spätzle
1 Kopfsalat
1 Schalotte
2 Orangen
250 ml Geflügelbrühe
(1 TL Instantpulver)
1 TL Orangenmarmelade
2 Prisen Chilipulver
1 TL Speisestärke
1 EL Wasser
1 Becher Weight Watchers
Frisches Joghurt Dressing
mit fruchtiger Zitronennote (150 ml)

 pro Person | 1836 kJ
439 kcal

1. Backofen auf 200° C (Gas: Stufe 3, Umluft: 180° C) vorheizen. Entenbrustfilets abspülen und trocken tupfen. Öl in einer Pfanne erhitzen, Entenbrustfilets darin ca. 3 Minuten von jeder Seite braten und mit Salz und Pfeffer würzen. In eine Auflaufform (ca. 20 x 30 cm) legen und im Backofen auf mittlerer Schiene ca. 8–10 Minuten garen. Spätzle nach Packungsanweisung in Salzwasser garen. Salat waschen, trocken schleudern und in mundgerechte Stücke zerteilen.

2. Schalotte und 1 Orange schälen. Schalotte würfeln. Orange filetieren und dabei den Saft auffangen. Restliche Orange auspressen. Schalottenwürfel im Bratensatz glasig andünsten, mit Brühe und Orangensaft ablöschen und etwas einkochen lassen. Sauce mit Orangenmarmelade verfeinern und mit Salz, Pfeffer und Chilipulver abschmecken.

3. Stärke mit Wasser anrühren, zur Sauce geben und ca. 2 Minuten köcheln lassen. Orangenfilets zur Sauce geben. Salat mit Dressing mischen. Spätzle abgießen. Entenbrustfilets mit Orangensauce, Spätzle und Salat servieren.

Mediterraner Hackbraten

Fertig in: 65 Minuten
Davon aktiv: 30 Minuten

❄

Für 4 Personen:
1 Zwiebel
600 g Tatar
3 EL Magerquark
2 EL Paniermehl
Salz, Pfeffer
3 EL gemischte italienische Kräuter
1 TL Paprikapulver
2 getrocknete Tomaten ohne Öl
250 ml Gemüsebrühe
(1 TL Instantpulver)
8 schwarze Oliven ohne Stein
100 g Schafskäse light
1 kg Tomaten
1 TL Olivenöl
3 EL heller Balsamicoessig
4 Scheiben Ciabatta

 pro Person **9** ProPoints Wert | 1789 kJ / 428 kcal

1. Backofen auf 200° C (Gas: Stufe 3, Umluft: 180° C) vorheizen. Zwiebel schälen und würfeln. Tatar mit Zwiebelwürfeln, Quark und Paniermehl verkneten. Mit Salz, Pfeffer, 1 Teelöffel Kräutern und Paprikapulver würzen. Tatarmasse zu einem Rechteck (ca. 20 x 30 cm) ausrollen.

2. Tomaten in 150 ml Brühe ca. 10 Minuten einweichen, abtropfen lassen und mit Oliven und Schafskäse hacken. Mit Salz, Pfeffer und 1 Esslöffel Kräutern würzen. Tomaten und Oliven unterheben und auf der Tatarmasse verteilen. Von der Längsseite her aufrollen und auf ein mit Backpapier ausgelegtes Backblech legen. Im Backofen im unteren Drittel ca. 40 Minuten garen.

3. Tomaten waschen und in Spalten schneiden. Öl mit Essig, restlicher Brühe, Salz, Pfeffer und restlichen Kräutern verquirlen und über die Tomatenspalten geben. Hackbraten mit Tomatensalat und Ciabatta servieren.

Rindergulasch mit Rotkohl

Fertig in: 1 Stunde 45 Minuten
Davon aktiv: 20 Minuten

❄

Für 4 Personen:
2 Zwiebeln
2 grüne Paprika
750 g Rindergulasch (fein gewürfelt)
2 TL Pflanzenöl
Salz, Pfeffer
2 TL Paprikapulver
2 EL Tomatenmark
1 TL Speisestärke
1 Apfel
800 g Rotkohl (TK)
200 g trockene Spiralnudeln

 pro Person **11** ProPoints Wert | 2303 kJ / 551 kcal

1. Zwiebeln schälen. Paprika waschen, entkernen und mit Zwiebeln würfeln. Gulasch trocken tupfen. Öl in einem Topf erhitzen und Gulasch darin ca. 10 Minuten rundherum anbraten. Paprika- und Zwiebelwürfel zugeben und weitere ca. 2 Minuten braten. Mit Salz, Pfeffer und Paprikapulver würzen.

2. Tomatenmark einrühren, mit 500 ml Wasser ablöschen und zugedeckt ca. 75 Minuten schmoren. Stärke in 1 Esslöffel Wasser anrühren, zum Gulasch geben, kurz aufkochen und würzen. Apfel vierteln, entkernen, schälen und würfeln. Mit Rotkohl in einen Topf geben und zugedeckt ca. 25 Minuten garen. Nudeln nach Packungsanweisung in Salzwasser garen. Rotkohl mit Salz und Pfeffer abschmecken. Gulasch mit Nudeln und Rotkohl servieren.

Hähnchencurry mit Kichererbsen

Fertig in: 35 Minuten
Davon aktiv: 15 Minuten

Für 4 Personen:
480 g Hähnchenbrustfilet
2 TL Pflanzenöl
Salz
Pfeffer
1 EL Mehl
1 TL Currypulver
400 ml Gemüsebrühe
(2 TL Instantpulver)
160 g trockener Basmatireis
1 Dose Kichererbsen
(265 g Abtropfgewicht)
500 g Broccoliröschen (TK)
100 g Erbsen (TK)

 1819 kJ
435 kcal

1. Hähnchenbrustfilet abspülen, trocken tupfen und würfeln. Öl in einem Topf erhitzen und Hähnchenbrustwürfel darin ca. 3 Minuten rundherum anbraten, salzen und pfeffern. Mit Mehl und Currypulver bestäuben und anschwitzen. Mit Brühe ablöschen und aufkochen.

2. Reis nach Packungsanweisung in Salzwasser garen. Kichererbsen abspülen und abtropfen lassen. Mit Broccoliröschen zum Curry geben und ca. 15 Minuten köcheln lassen. Erbsen zugeben und weitere ca. 5 Minuten garen. Hähnchencurry mit Salz und Pfeffer abschmecken und mit Reis servieren.

Paprikahähnchen aus dem Ofen

Fertig in: 45 Minuten
Davon aktiv: 20 Minuten

Für 4 Personen:
je 2 rote, grüne und gelbe Paprika
1 TL gehackte italienische Kräuter
Salz
Pfeffer
2 TL Pflanzenöl
1/2 TL Paprikapulver
1/4 TL Chilipulver
4 Hähnchenkeulen, roh, ohne Haut
(à 165 g verzehrbarer Anteil)
800 g mehligkochende Kartoffeln
200 ml lauwarme fettarme Milch
2 EL Paprikamark

 2107 kJ
504 kcal

1. Backofen auf 180° C (Gas: Stufe 2, Umluft: 160° C) vorheizen. Paprika waschen, entkernen und in breite Streifen schneiden. Paprikastreifen in eine Auflaufform (ca. 25 x 35 cm) geben, mit italienischen Kräutern, Salz und Pfeffer würzen.

2. Öl mit Paprika- und Chilipulver verrühren, salzen und pfeffern. Hähnchenkeulen abspülen, trocken tupfen und mit Würzöl bestreichen. Auf die Paprikastreifen legen und im Backofen auf mittlerer Schiene ca. 30 Minuten garen.

3. Kartoffeln schälen, halbieren und in Salzwasser ca. 25 Minuten garen. Kartoffelhälften abgießen und mit Milch zerstampfen. Püree mit Paprikamark verfeinern und mit Salz und Pfeffer abschmecken. Hähnchenkeulen mit Paprikagemüse und Püree servieren.

Cevapcici mit rotem Reis

Fertig in: 40 Minuten
Davon aktiv: 20 Minuten

❄

Für 2 Personen:
1 große Zwiebel
1 Knoblauchzehe
250 g Geflügelhackfleisch
2 EL Magerquark
1 EL Paniermehl
Salz, Pfeffer
2 TL gehackte Petersilie
200 g Cocktailtomaten
2 TL Pflanzenöl
2 EL Tomatenmark
70 g trockener Langkornreis
100 g Erbsen (TK)
250 ml Gemüsebrühe
(1 TL Instantpulver)
2 TL Ajvar

 pro Person | 1689 kJ
404 kcal

1. Zwiebel schälen und in feine Würfel schneiden. Knoblauch pressen. Hackfleisch mit Magerquark, Paniermehl, Knoblauch und 1 Esslöffel Zwiebelwürfeln verkneten. Mit Salz, Pfeffer und 1 Teelöffel Petersilie würzen. Hackfleisch zu 4 Cevapcici formen. Tomaten waschen und halbieren.

2. 1 Teelöffel Öl in einem Topf erhitzen, restliche Zwiebelwürfel und Tomatenmark darin anschwitzen. Reis und Erbsen zufügen, kurz mitbraten, mit Brühe ablöschen und aufkochen. Tomatenhälften unterheben und alles ca. 15–20 Minuten köcheln lassen. Mit Ajvar verfeinern und mit Salz, Pfeffer und restlichen Kräutern würzen.

3. Restliches Öl in einer Pfanne erhitzen, Cevapcici darin ca. 4–5 Minuten rundherum braten. Herausnehmen und nach Wunsch auf 4 kleine Holzspieße stecken. Cevapcici mit rotem Reis servieren.

Thaicurry mit Basmatireis

Fertig in: 30 Minuten
Davon aktiv: 20 Minuten

🕐

Für 2 Personen:
70 g trockener Basmatireis
Salz, Pfeffer
1 rote Paprika
360 g Hähnchenbrustfilet
250 g Broccoli
200 g Romanesco
2 TL Pflanzenöl
1 TL grüne Thai-Currypaste
100 ml Gemüsebrühe
(1 Prise Instantpulver)
150 g Zuckererbsenschoten
2 EL Kokosmilch

 pro Person | 2299 kJ
550 kcal

1. Reis nach Packungsanweisung in Salzwasser garen. Paprika waschen, entkernen und in Würfel schneiden. Hähnchenbrustfilet abspülen, trocken tupfen und würfeln. Broccoli und Romanesco waschen, in Röschen teilen und ca. 5–7 Minuten in Salzwasser garen.

2. Öl in einer Pfanne erhitzen, Hähnchenbrustwürfel darin ca. 3–4 Minuten von allen Seiten anbraten und mit Salz und Pfeffer würzen. Paprikawürfel zufügen und ca. 1 Minute mitbraten. Currypaste zufügen, kurz anschwitzen, mit Brühe ablöschen, Zuckererbsenschoten zufügen und ca. 4–5 Minuten köcheln lassen. Broccoli- und Romanescoröschen abgießen und unter das Curry rühren. Mit Kokosmilch verfeinern und mit Salz und Pfeffer abschmecken. Thaicurry nach Wunsch mit Schnittlauchringen garniert servieren.

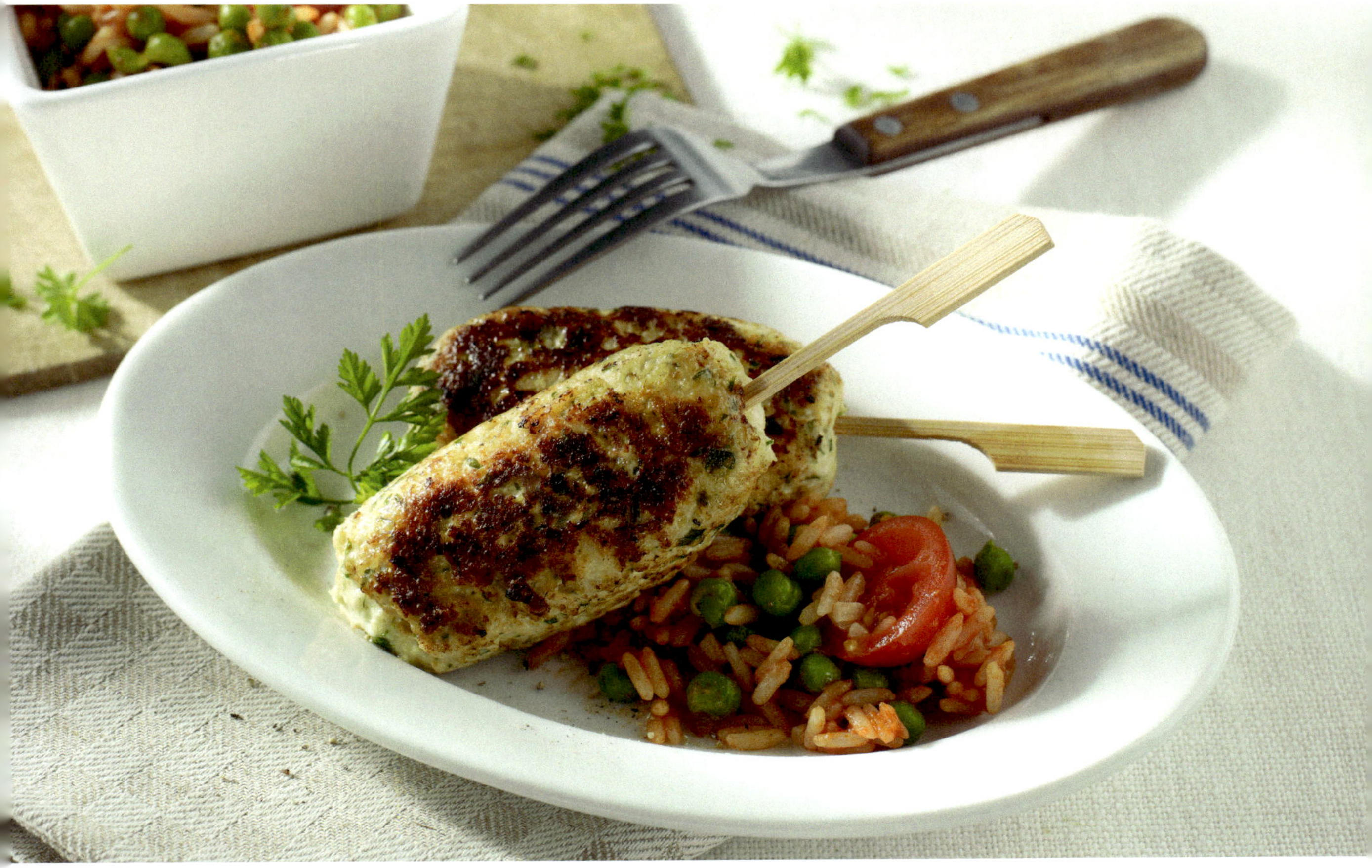

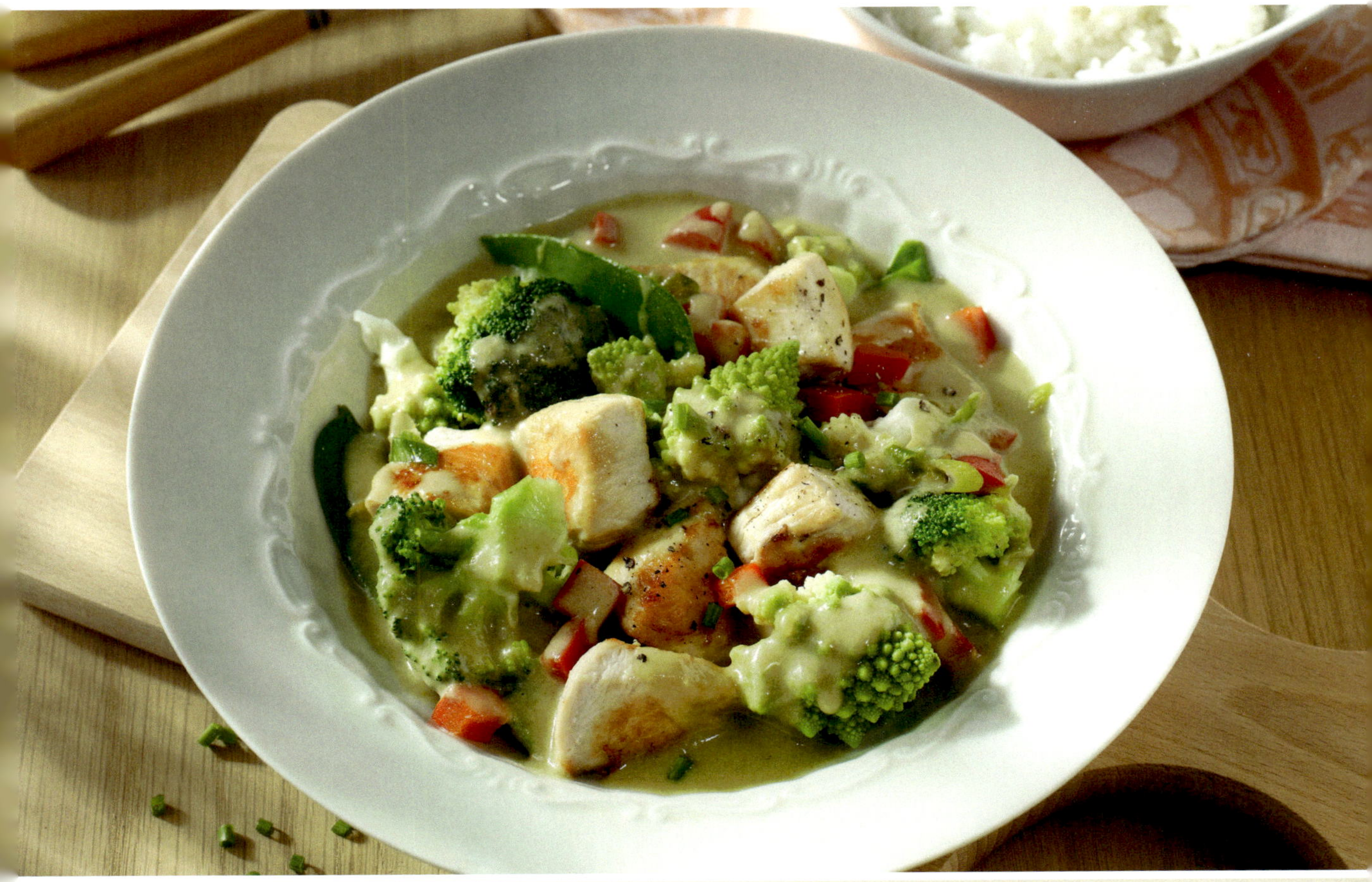

← Bratnudeln mit Huhn

Fertig in: 35 Minuten
Davon aktiv: 20 Minuten

Für 2 Personen:
3 Karotten
1/2 **Bund** Frühlingszwiebeln
je 1 rote und gelbe Paprika
80 g trockene Mie-Nudeln
Salz
240 g Hähnchenbrustfilet
2 TL Pflanzenöl
Pfeffer
3 EL süßsaure Sauce
50 ml Gemüsebrühe
(2 Prisen Instantpulver)
3 EL Sojasauce
100 g Sojasprossen

 pro Person
9 ProPoints Wert | 2082 kJ
498 kcal

1. Karotten schälen, Frühlingszwiebeln und Paprika waschen. Karotten in Stifte, Frühlingszwiebeln in Ringe, Paprika entkernen und in Würfel schneiden. Nudeln nach Packungsanweisung in Salzwasser garen. Hähnchenbrustfilet abspülen, trocken tupfen und in Stücke schneiden. Öl in einer Pfanne erhitzen, Hähnchenbruststücke darin ca. 4–6 Minuten rundherum braten, mit Salz und Pfeffer würzen und herausnehmen.

2. Frühlingszwiebelringe, Paprikawürfel und Karottenstifte im Bratensatz ca. 2–3 Minuten braten. Mit süßsaurer Sauce, Brühe und Sojasauce ablöschen. Mit Salz und Pfeffer würzen und ca. 4–6 Minuten köcheln lassen. Sojasprossen waschen und abtropfen lassen. Nudeln abgießen, mit Sojasprossen und Hähnchenbruststücken unter das Gemüse heben und weitere ca. 1–2 Minuten braten. Bratnudeln servieren.

Lammfilets mit Balsamicosauce

Fertig in: 40 Minuten
Davon aktiv: 25 Minuten

Für 2 Personen:
1 Knoblauchzehe
1 Schalotte
1 TL Pflanzenöl
1 TL gehackter Rosmarin
1 TL gehackter Thymian
Salz, Pfeffer
2 Lammfilets (à 150 g)
250 g festkochende Kartoffeln
1 Birne
1 kleines Glas Rotkohl (350 g)
1 TL Honig
2 EL dunkler Balsamicoessig
100 ml Gemüsebrühe
(1/2 TL Instantpulver)
1 TL dunkler Saucenbinder

 pro Person
8 ProPoints Wert | 1772 kJ
424 kcal

1. Knoblauch pressen. Schalotte schälen und in Ringe schneiden. Öl mit Knoblauch, Schalottenringen, Rosmarin und Thymian mischen und mit Salz und Pfeffer abschmecken. Lammfilets trocken tupfen, mit der Marinade in einen Gefrierbeutel geben, gut durchkneten und im Kühlschrank ca. 10–15 Minuten marinieren.

2. Kartoffeln schälen und in Salzwasser ca. 15 Minuten garen. Birne vierteln, entkernen, schälen und in Spalten schneiden. Rotkohl in einen Topf geben und mit Birnenspalten ca. 10 Minuten garen. Lammfilets in einer Pfanne bei mittlerer Hitze ca. 5 Minuten von jeder Seite braten. Herausnehmen und Bratensatz mit restlicher Marinade und Honig ca. 2 Minuten karamellisieren lassen. Mit Essig und Brühe ablöschen und kurz aufkochen. Saucenbinder einrühren und mit Salz und Pfeffer abschmecken. Kartoffeln abgießen und mit Lammfilets, Rotkohl und Balsamicosauce servieren.

Hühnerfrikassee mit Champignons

Fertig in: 35 Minuten
Davon aktiv: 20 Minuten

Für 2 Personen:
70 g trockener Langkornreis
Salz
360 g Hähnchenbrustfilet
1/2 Bund Frühlingszwiebeln
250 g Champignons
3 Karotten
1 Glas Spargel (205 g Abtropfgewicht)
1 TL Pflanzenöl
1 EL Mehl
200 ml Geflügelfond
1 Lorbeerblatt
3 EL Crème légère
150 g Erbsen (TK)
1 Spritzer Zitronensaft
Pfeffer
1 Prise geriebene Muskatnuss

pro Person | 2310 kJ
553 kcal

1. Reis nach Packungsanweisung in Salzwasser garen. Hähnchenbrustfilet abspülen, trocken tupfen und in mundgerechte Stücke schneiden. Frühlingszwiebeln waschen und in Ringe schneiden. Champignons trocken abreiben, Karotten schälen und beides in Scheiben schneiden. Spargel abtropfen lassen, Spargelsaft auffangen und Spargel in ca. 2 cm große Stücke schneiden.

2. Öl in einem Topf erhitzen und Hähnchenbruststücke darin ca. 1–2 Minuten rundherum anbraten. Frühlingszwiebelringe, Karotten- und Champignonscheiben zufügen und ca. 5 Minuten mitbraten. Mit Mehl bestäuben und unter Rühren anschwitzen. Mit Geflügelfond und Spargelflüssigkeit ablöschen. Lorbeerblatt und Crème légère zufügen und ca. 5 Minuten köcheln lassen.

3. Spargelstücke und Erbsen dazugeben und mit Zitronensaft verfeinern. Mit Salz, Pfeffer und Muskatnuss abschmecken. Lorbeerblatt entfernen und Hühnerfrikassee mit Reis servieren.

Für eine thailändische Variante ...

... schmecken Sie das Frikassee mit Salz, 1 TL gehacktem Koriander und 1 TL gehacktem Ingwer ab. Statt 3 EL Crème légère geben Sie 40 ml Kokosmilch light und 1 reife Mango in Streifen zu. Der *ProPoints*® Wert pro Person ändert sich nicht.

Hähnchen auf Frühlingsgemüse

Fertig in: 40 Minuten
Davon aktiv: 25 Minuten

Für 4 Personen:
800 g festkochende Kartoffeln
Salz
2 Kohlrabi
3 Karotten
4 Hähnchenbrustfilets (à 120 g)
Pfeffer
4 TL Pflanzenöl
150 ml Gemüsebrühe
(1/2 TL Instantpulver)
600 g Zuckererbsenschoten (TK)
1 TL gehacktes Basilikum
1 TL gehackter Thymian

 pro Person **8** ProPoints Wert | 1960 kJ
469 kcal

1. Kartoffeln schälen, in Stücke schneiden und in Salzwasser ca. 20 Minuten garen. Kohlrabi und Karotten schälen. Kohlrabi halbieren und in Stifte, Karotten in Scheiben schneiden. Hähnchenbrustfilets abspülen, trocken tupfen, salzen und pfeffern. 2 Teelöffel Öl in einer Pfanne erhitzen, Hähnchenbrustfilets darin von jeder Seite ca. 5–8 Minuten braten und herausnehmen. Kohlrabistifte und Karottenscheiben zum Bratensatz geben, Brühe angießen und ca. 12–15 Minuten dünsten. Zuckererbsenschoten ca. 6–8 Minuten vor Ende der Garzeit zufügen und mitdünsten.

2. Kartoffeln abgießen. Gemüse mit Salz, Pfeffer und Basilikum würzen. Hähnchenbrustfilets zum Gemüse geben und darin kurz erwärmen. Restliches Öl in einer weiteren Pfanne erhitzen, Kartoffelstücke darin ca. 5–8 Minuten braten und salzen. Mit Thymian bestreuen und ca. 1 Minute weiterbraten. Thymiankartoffeln mit Gemüsehähnchen servieren.

Züricher Geschnetzeltes

Fertig in: 30 Minuten
Davon aktiv: 15 Minuten

🕐 | ❄️

Für 2 Personen:
360 g Kalbsschnitzel
Salz, Pfeffer
400 g Champignons
2 Schalotten
2 TL Pflanzenöl
1 TL Mehl
200 ml Gemüsebrühe
(1 TL Instantbrühe)
3 EL Crème légère
90 g trockene Spätzle
2 TL gehackte Petersilie

 pro Person **11** ProPoints Wert | 2098 kJ
502 kcal

1. Kalbsschnitzel trocken tupfen, in Streifen schneiden und mit Salz und Pfeffer würzen. Champignons trocken abreiben und in Scheiben schneiden. Schalotten schälen und in feine Ringe schneiden. Öl in einer Pfanne erhitzen, Schnitzelstreifen darin ca. 3–4 Minuten rundherum braten und herausnehmen. Schalottenringe und Champignonscheiben im Bratensatz ca. 2–3 Minuten braten. Mit Mehl bestäuben und unter Rühren anschwitzen. Mit Brühe und Crème légère ablöschen und ca. 10 Minuten köcheln lassen.

2. Spätzle nach Packungsanweisung in Salzwasser garen. Schnitzelstreifen in die Pilzsauce geben und ca. 2–3 Minuten erwärmen. Petersilie unterheben und mit Salz und Pfeffer abschmecken. Spätzle abgießen und mit Züricher Geschnetzeltem servieren.

Fisch & Meerestiere

Lust auf Mee(h)r. Gegrillt, gebraten, gedünstet oder in Sauce gegart –
von nordischen Schollenröllchen über mediterrane Doraden bis hin
zu asiatischen Garnelenspießen.

Fischsorten

Fisch und Meerestiere gelten als Delikatesse und bieten eine reichhaltige Palette an Nährstoffen. Fettarme Sorten überzeugen durch einen hohen Eiweißanteil, der bei einer geringen Kalorienzufuhr besonders sättigt. Sogenannte Fettfische sind optimale Lieferanten für Omega-3-Fettsäuren, die unter anderem unser Herz-Kreislauf-System schützen können.

Pangasius ist ein Süßwasserfisch, der zu den Welsen gehört. Aufgrund der gestiegenen Nachfrage in den vergangenen Jahren stammt der im Handel angebotene Pangasius in der Regel aus Aquakulturen. Sein milder Geschmack und sein festes Fleisch machen ihn vielfältig einsetzbar.

Garnelen gehören zu den Meerestieren und sind in vielen Varianten im Handel erhältlich. Sehr beliebt sind Riesengarnelen – auch King Prawns genannt –, die im Handel mit und ohne Schale angeboten werden. Gegrillt oder gebraten schmecken sie besonders gut. Die herzhaften Nordseegarnelen, die man überwiegend „pur" als Brotbelag genießt, sind die kleinsten Garnelen der Welt.

Seelachs (Köhler) ist eine vielseitige und preiswerte Sorte. Dieser Fisch eignet sich zum fettarmen Dünsten oder zum Braten. Das leicht gräuliche Fleisch wird beim Garen weiß.

Lachs gehört zu den Edelfischen. Da Wildlachse im Verhältnis zu Zuchtlachsen selten sind, ist Wildlachsfilet dementsprechend teuer. Zuchtfische sind preisgünstiger und werden das ganze Jahr über angeboten. Seine typische rosarote Färbung bekommt das Fleisch des Lachses durch die Fütterung mit Krustentieren. Lachsfilet kann auf unterschiedlichste Art und Weise zubereitet werden – gedünstet, gebraten, gegrillt oder geräuchert.

Kabeljau (Dorsch) wird unter anderem in der Nord- und der Ostsee gefischt. Erst mit Erreichen der Geschlechtsreife spricht man von einem Kabeljau, die Jungfische heißen Dorsche. In Südeuropa ist er getrocknet als Stockfisch sehr beliebt.

Scholle (Goldbutt) ist ein Plattfisch, der bei einem sehr niedrigen Fettanteil ein sehr zartes und wohlschmeckendes Aroma hat. Das Fleisch der Scholle bietet sich zum Braten an. Die Maischolle ist besonders beliebt und gilt als Fisch des Frühjahrs.

Pangasius

Lachs

Garnelen

Kabeljau

Seelachsfilet

Scholle

Fischkunde

Einkauf und Qualität

Achten Sie beim Fischkauf auf die folgenden Frischemerkmale:

- Der Fisch riecht nach Wasser oder Meer.
- Die Farbe der Kiemen ist kräftig rot.
- Die Haut glänzt und ist unbeschädigt.
- Das Fleisch fühlt sich fest an.
- Die Augen sind prall und klar.

Bei Fisch ist es besonders wichtig, dass die Kühlkette nicht unterbrochen wird. Lagern Sie frischen Fisch zu Hause nur im Kühlschrank – noch besser ist es, ihn zügig zu verzehren. Filets verderben noch schneller als ganze Fische und sollten entweder im tiefgekühlten Zustand oder zum sofortigen Verzehr gekauft werden. Bei der Zubereitung sollte darauf geachtet werden, dass der Fisch vollständig durchgegart ist. Die gleichen Kriterien gelten auch für Meerestiere.

Wenn Sie bei der Auswahl von Lebensmitteln Wert auf Nachhaltigkeit legen, gibt es auch an der Fischtheke einige Orientierungshilfen, dank deren Sie entsprechend gefangenen oder gezüchteten Fisch leichter erkennen. Die beiden nachfolgenden Gütesiegel geben Ihnen eine gute Hilfestellung beim Einkauf. Sie finden Sie mittlerweile auch auf vielen Tiefkühl-Fischprodukten im Supermarkt.

Das MSC-Siegel garantiert nachhaltige Fischerei. Es wird von der 1997 gegründeten Einrichtung Marine Stewardship Council vergeben. Beim nachhaltigen Fang von Wildfisch müssen unter anderem die Fischbestände auf einem gesunden Niveau gehalten werden. Andere Arten und das Ökosystem dürfen durch die Fischerei nur minimal beeinflusst werden.

Umweltverträglichen, in Aquakulturen gezüchteten Fisch erkennen Sie am ASC-Siegel, das 2012 vom Aquaculture Stewardship Council eingeführt wurde. Voraussetzungen, die die Produzenten erfüllen müssen, um das Logo zu erhalten, sind unter anderem ein kontrollierter Einsatz von Chemikalien und Medikamenten sowie minimale Verschmutzung der Gewässer.

Bevor ein Produkt eines der Gütesiegel erhält, muss es einen umfangreichen Zertifizierungsprozess durchlaufen. Dabei wird von unabhängigen Organisationen die Einhaltung vieler strenger Kriterien überprüft. Über die geschmackliche Qualität der Produkte sagen die Siegel allerdings nichts aus.

Gesunde Fette in Fischen

Fettreiche Fischsorten enthalten einen verhältnismäßig hohen Anteil der lebensnotwendigen mehrfach ungesättigten Fettsäuren. Genießen Sie daher ein- bis zweimal pro Woche fettreichen Fisch, denn darin stecken unter anderem die gesundheitsfördernden Omega-3-Fettsäuren. Ein ausgewogener Anteil an diesen Fettsäuren trägt zum Schutz von Herz und Gefäßen bei und kann den Blutdruck sowie das Risiko eines Herzinfarktes senken. Der Gehalt ist besonders hoch in Kaltwasserfischen wie Hering, Makrele, Lachs und Tunfisch.

Fisch ist eine wertvolle Quelle der Vitamine A und D, die unter anderem das Immunsystem stärken und für eine gute Versorgung der Knochen sorgen. In allen Fischsorten steckt außerdem Jod, welches wichtig für Ihre Schilddrüse ist. Um optimal versorgt zu sein, ist es empfehlenswert, beim Kochen zusätzlich jodiertes Speisesalz zu verwenden.

Fettgehalt pro 100 g:

Fettfische

Aal	24,5 g
Hering	17,8 g
Tunfisch	15,5 g
Lachs	13,6 g
Makrele	11,6 g

Mittelfetter Fisch

Sardine	4,5 g
Rotbarsch	3,6 g
Dorade	2,0 g
Scholle	1,9 g

Magerfisch

Seelachs	0,9 g
Kabeljau	0,6 g

Der Energiewert von Fettfischen liegt meist über 180 kcal pro 100 g. Damit liefern sie mehr als doppelt so viele Kalorien wie Magerfische. Dieser erhöhte Energiewert erklärt sich durch den hohen Anteil an mehrfach ungesättigten Fettsäuren, vor allem Omega-3-Fettsäuren. Da Fettfisch die beste Quelle für diese essentiellen Nährstoffe ist, sollte er trotz seines höheren *ProPoints*® Wertes regelmäßig auf dem Speiseplan stehen.

Gesunde Fettlieferanten
Hering und Tunfisch sind reich an mehrfach gesättigten Fettsäuren.

Gegrillte Dorade mit Tomatensalat

Fertig in: 30 Minuten
Davon aktiv: 25 Minuten

Für 4 Personen:
4 kleine Doraden (à 250 g)
1/2 unbehandelte Zitrone
4 EL gehackte Petersilie
Salz
Pfeffer
4 TL Pflanzenöl
1 kg Tomaten
50 g Schafskäse light
2 Schalotten
2 TL Olivenöl
80 ml Gemüsebrühe
(1/2 TL Instantpulver)
1 TL mittelscharfer Senf
1 EL heller Balsamicoessig
2 EL gehackte italienische Kräuter
4 Scheiben Ciabatta

1. Doraden abspülen und trocken tupfen. Zitrone auspressen, Saft mit Petersilie, Salz und Pfeffer mischen und in die Fische füllen. Fische von außen mit einem scharfen Messer 3–4 Mal schräg einschneiden, mit Öl einpinseln und mit Salz und Pfeffer würzen. Auf dem Grill ca. 10 Minuten von jeder Seite grillen.

2. Tomaten waschen und in Scheiben schneiden. Schafskäse würfeln. Schalotten schälen und in Ringe schneiden. Für das Dressing Olivenöl mit Brühe, Senf, Essig und italienischen Kräutern verrühren. Mit Salz und Pfeffer würzen und mit Tomatenscheiben, Schafskäsewürfeln und Zwiebelringen vermengen. Gegrillte Dorade mit Tomatensalat und Ciabatta servieren.

pro Person
7 ProPoints Wert | 2141 kJ
512 kcal

Wenn Ihr Backofen...

... eine Grillfunktion hat, können Sie den Fisch auch darin zubereiten.

Schollenröllchen mit Kräuterreis

Fertig in: 40 Minuten
Davon aktiv: 30 Minuten

Für 4 Personen:
1/2 unbehandelte Zitrone
2 EL Schmand
1 TL Honig
1 TL gehackter Dill
Salz
Pfeffer
4 Schollenfilets (à 125 g, frisch oder TK)
1 Schalotte
180 g trockener Langkornreis
2 TL Pflanzenöl
250 ml fettarme Milch
200 ml Gemüsebrühe
(1 TL Instantpulver)
2 TL Mehl
1 EL Senf
1 Prise Kurkuma
1 Eisbergsalat
1 rote Paprika
1 Becher Weight Watchers
Frisches French Dressing
mit Dijonsenf (150 ml)
1 EL gemischte gehackte Kräuter

1. Zitronenschale abreiben und Zitronenhälfte auspressen. Schmand mit 1/2 Teelöffel Zitronenschale, 1 Teelöffel Zitronensaft, Honig und Dill verrühren. Masse mit Salz und Pfeffer würzen. Schollenfilets gegebenenfalls auftauen, abspülen, trocken tupfen und längs halbieren. Mit Schmandcreme bestreichen, aufrollen und mit Holzspießen feststecken. Schalotte schälen und würfeln. Reis nach Packungsanweisung in Salzwasser garen.

2. Öl in einem Topf erhitzen und Schalottenwürfel darin glasig andünsten. Schalottenwürfel mit 200 ml Milch und Brühe ablöschen. Mehl mit restlicher Milch verrühren und zur Sauce geben. Mit Senf, Kurkuma und restlichem Zitronensaft verfeinern, ca. 3 Minuten köcheln lassen und mit Salz und Pfeffer abschmecken.

3. Schollenröllchen in die Senfsauce geben und darin zugedeckt ca. 10–12 Minuten gar ziehen lassen. Salat waschen, trocken schleudern und in mundgerechte Stücke zerteilen. Paprika waschen, entkernen und in feine Streifen schneiden. Salat mit Paprikastreifen und Dressing mischen. Reis mit den Kräutern vermischen. Schollenröllchen mit Senfsauce, Kräuterreis und Salat servieren.

pro Person
9 ProPoints Wert | 1721 kJ
412 kcal

Seelachsfilet in Cornflakespanade

Fertig in: 50 Minuten
Davon aktiv: 25 Minuten

Für 4 Personen:

1 rote Zwiebel
1 kg Zucchini
1 TL gehackter Estragon
200 ml Gemüsebrühe
(1 TL Instantpulver)
200 g trockene Bandnudeln
Salz, Pfeffer
6 EL Cornflakes
1 EL geriebener Parmesan
2 EL Mehl
2 Eier
4 Seelachsfilets (à 125 g)
1/2 Zitrone
2 EL Pflanzenöl
3 EL Frischkäse, bis 1 % Fett absolut

 11 2079 kJ
497 kcal

1. Zwiebel schälen und würfeln. Zucchini waschen und in Scheiben schneiden. Zwiebelwürfel und Zucchinischeiben in einen Topf geben, mit Estragon würzen und Brühe angießen. Zugedeckt ca. 5 Minuten dünsten. Nudeln nach Packungsanweisung in Salzwasser garen. Cornflakes zerdrücken und in einen tiefen Teller geben. Parmesan untermischen. Mehl in einen weiteren tiefen Teller geben und Eier in einem dritten tiefen Teller verquirlen.

2. Seelachsfilets abspülen und trocken tupfen. Zitronenhälfte auspressen. Seelachsfilets mit Zitronensaft, Salz und Pfeffer würzen. Erst in Mehl, dann in Ei und anschließend in Cornflakes-Parmesan-Panade wenden. Öl in einer Pfanne erhitzen und Seelachs darin ca. 3–5 Minuten von jeder Seite braten. Gemüse mit Frischkäse verfeinern und mit Salz und Pfeffer abschmecken. Nudeln abgießen. Seelachs mit Zucchinigemüse und Nudeln servieren.

Artischocken-Tunfisch-Pfanne

Fertig in: 20 Minuten
Davon aktiv: 10 Minuten

Für 2 Personen:

100 g trockene Nudeln, z. B. Farfalle
Salz, Pfeffer
1 Dose Artischockenherzen
(240 g Abtropfgewicht)
1 Dose Tunfisch im eigenen Saft
(150 g Abtropfgewicht)
1 Zwiebel
1 TL Pflanzenöl
200 g Erbsen (TK)
75 ml Gemüsebrühe
(1/2 TL Instantpulver)
1 Ecke Schmelzkäse (25 g),
bis 20 % Fett i. Tr.

 10 1751 kJ
419 kcal

1. Nudeln nach Packungsanweisung in Salzwasser garen. Artischockenherzen und Tunfisch abtropfen lassen, Artischockenherzen vierteln. Zwiebel schälen und fein würfeln. Öl in einer Pfanne erhitzen und Zwiebelwürfel darin ca. 1 Minute andünsten.

2. Nudeln mit Erbsen, Artischockenvierteln, Tunfisch und Brühe zugeben und ca. 5 Minuten köcheln lassen. Artischocken-Tunfisch-Pfanne mit Schmelzkäse verfeinern, mit Salz und Pfeffer würzen und servieren.

Garnelenspieße mit Glasnudelsalat

Fertig in: 60 Minuten
Davon aktiv: 20 Minuten

Für 4 Personen:

400 g küchenfertige Garnelen
1 Stück Ingwer (ca. 2 cm)
4 EL Sojasauce
200 g trockene breite Glasnudeln
Salz
1 Zwiebel
1 kleine rote Chilischote
2 Karotten (ca. 300 g)
2 Zucchini (ca. 300 g)
150 ml Gemüsebrühe
(1/2 TL Instantpulver)
1 EL Chilisauce
2 EL Fischsauce
1 EL süßsaure Sauce
1 EL Weißweinessig
Pfeffer
1 EL gehackter Koriander
2 TL Pflanzenöl
2 EL geröstete Erdnüsse

pro Person
9 ProPoints Wert | 907 kJ
206 kcal

1. Garnelen abspülen, trocken tupfen, wie unten beschrieben vorbereiten und auf 8 Holzspieße stecken. Ingwer schälen, fein hacken und 1/2 Teelöffel zur Seite stellen. Restlichen Ingwer mit Sojasauce verrühren, mit Garnelenspießen in einen Gefrierbeutel geben und im Kühlschrank ca. 30 Minuten marinieren.

2. Nudeln nach Packungsanweisung in Salzwasser garen. Zwiebel schälen und würfeln. Chilischote waschen, entkernen und in feine Streifen schneiden. Karotten schälen, Zucchini waschen und beides in sehr feine Streifen schneiden.

3. Nudeln abgießen und mit Zwiebelwürfeln, Karotten- und Zucchinistreifen mischen. Für das Dressing Brühe mit Chili-, Fisch-, süßsaurer Sauce und Essig verrühren. Mit restlichem Ingwer, Salz, Pfeffer und Koriander würzen und mit dem Salat mischen.

4. Garnelenspieße trocken tupfen. Öl in einer Pfanne erhitzen und Garnelenspieße darin ca. 3–4 Minuten rundherum braten. Erdnüsse hacken und Salat damit bestreuen. Garnelenspieße mit Glasnudelsalat servieren.

Garnelen vorbereiten

Garnelenkopf durch eine Drehung ablösen.

Panzer auf der Unterseite aufbrechen und das Fleisch herauslösen.

Auf der Rückenseite aufschneiden und den dunklen Darm entfernen.

Tunfisch-Tramezzini

Fertig in: 15 Minuten
Davon aktiv: 10 Minuten

Für 2 Personen:
6 EL Tunfisch im eigenen Saft (Konserve)
4 EL Frischkäse, bis 5 % Fett absolut
2 TL Kapern
3 TL Zitronensaft
Salz
Pfeffer
60 g Rucola
4 Scheiben Vollkorntoast

pro Person
8 | 610 kJ
146 kcal

1. Tunfisch abtropfen lassen, mit Frischkäse, Kapern und Zitronensaft pürieren und mit Salz und Pfeffer würzen.

2. Rucola waschen und trocken schleudern. Toastscheiben mit der Tunfischcreme bestreichen, eine Scheibe mit Rucola belegen, mit restlicher Toastscheibe abdecken, diagonal halbieren und servieren.

Hummerspaghetti mit Romanesco

Fertig in: 35 Minuten
Davon aktiv: 20 Minuten

Für 2 Personen:
1 Schalotte
1 Knoblauchzehe
4 Tomaten
160 g trockene Spaghetti
Salz
600 g Romanesco
1 TL Olivenöl
200 ml Fischfond (Glas)
1 EL Noilly Prat
(ersatzweise Bitter Lemon)
Pfeffer
1 EL gehacktes Basilikum
200 g gegartes, ausgelöstes Hummerfleisch (ersatzweise Flusskrebse)

pro Person
11 | 2178 kJ
521 kcal

1. Schalotte schälen und in Würfel schneiden. Knoblauch pressen. Tomaten kreuzweise einschneiden und mit kochendem Wasser überbrühen. Tomaten häuten, entkernen und würfeln. Spaghetti nach Packungsanweisung in Salzwasser garen. Romanesco waschen, in Röschen zerteilen und in Salzwasser ca. 5–10 Minuten garen.

2. Öl in einer Pfanne erhitzen und Schalottenwürfel mit Knoblauch darin ca. 2 Minuten andünsten. Mit Fischfond und Noilly Prat ablöschen. Tomatenwürfel zur Sauce geben und ca. 10 Minuten einkochen lassen. Mit Salz, Pfeffer und Basilikum würzen.

3. Hummerfleisch zufügen und erhitzen. Spaghetti und Romanesco abgießen. Spaghetti mit Hummersauce vermengen, nach Wunsch mit Kräutern garnieren und mit Romanesco servieren.

Noilly Prat ...

... ist ein französischer Wermut, der besonders beliebt für die Zubereitung von Fischgerichten ist.

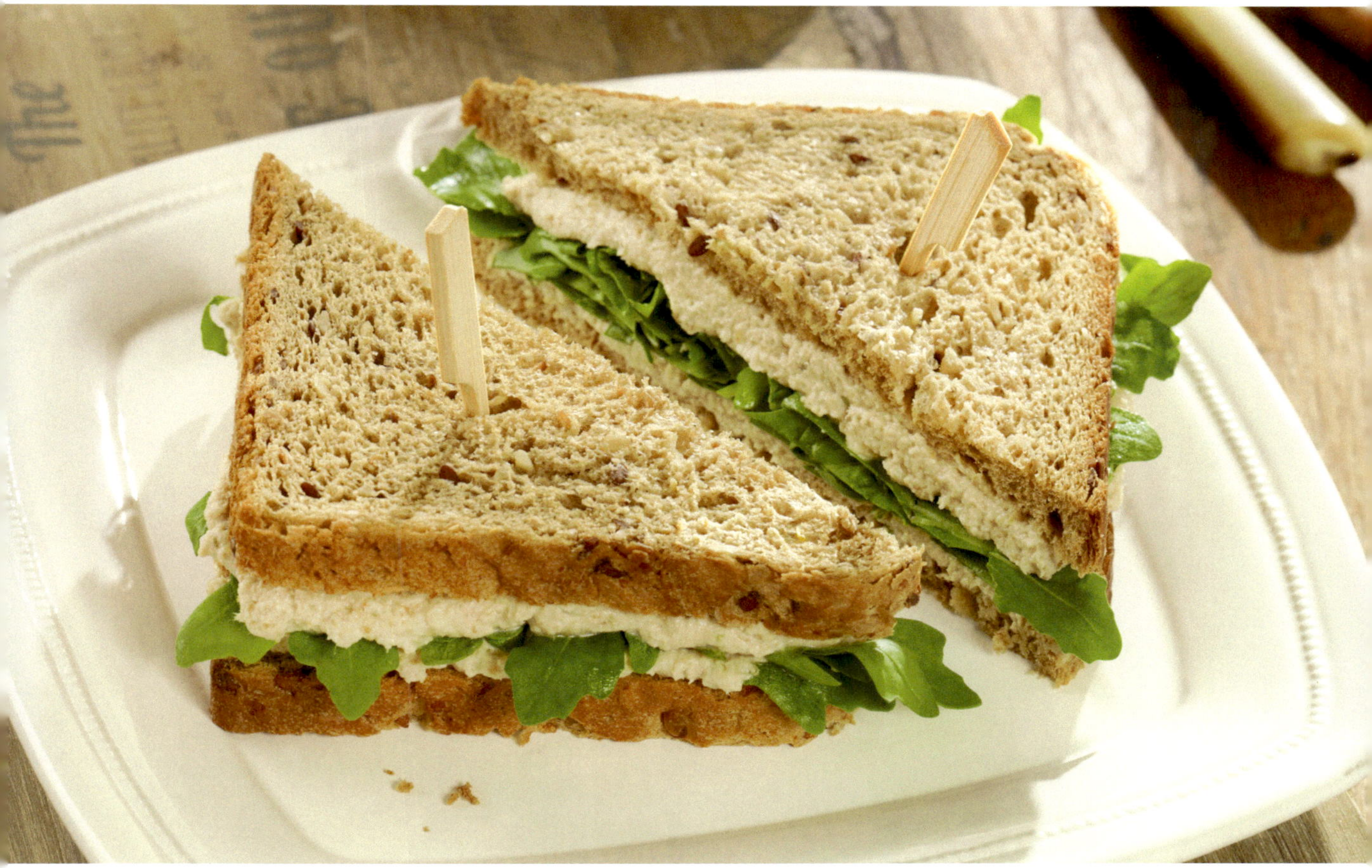

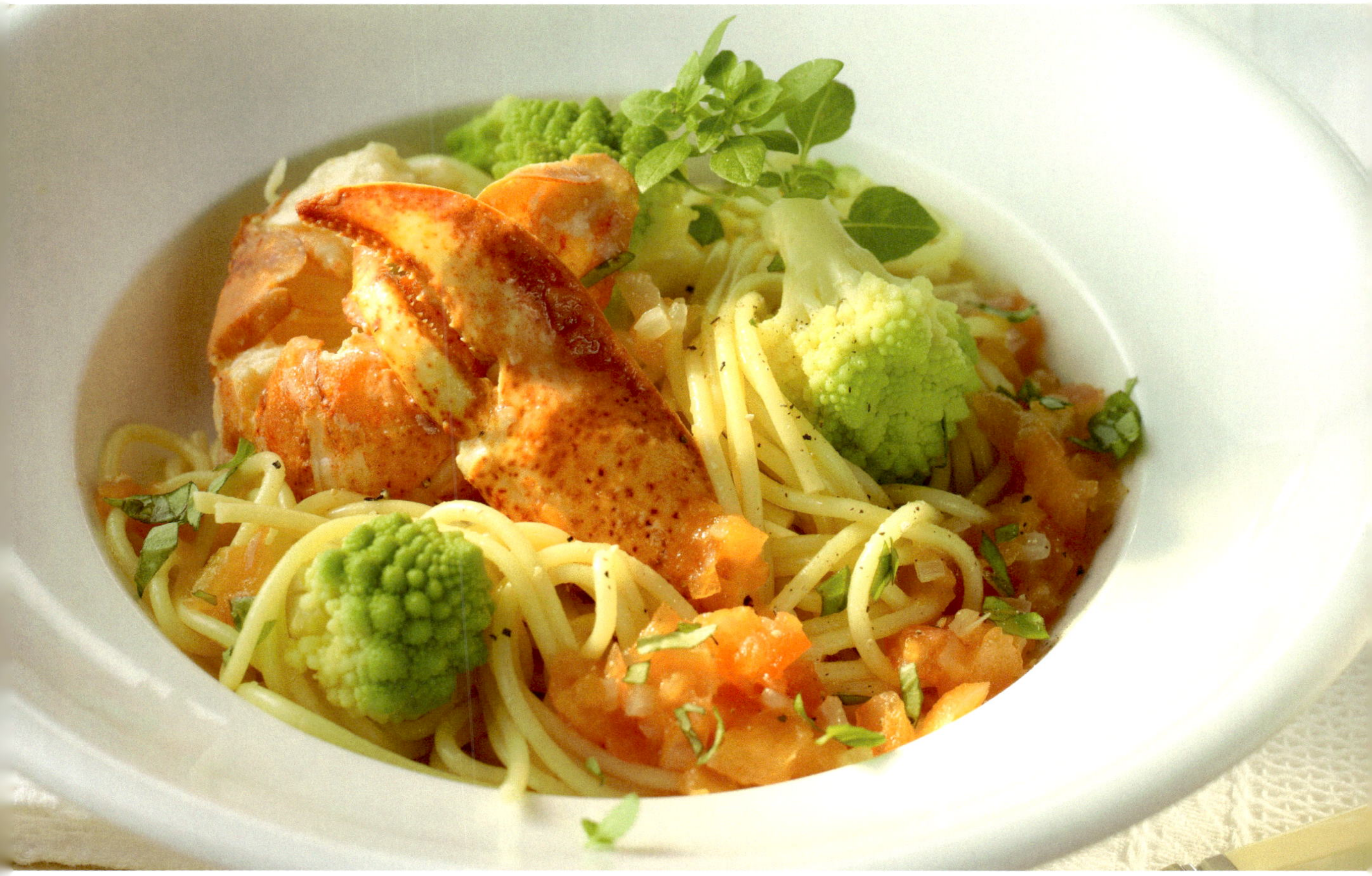

Seezunge in Weißwein

Fertig in: 40 Minuten
Davon aktiv: 20 Minuten

Für 2 Personen:
100 g trockener Basmatireis
Salz
1 Stange Lauch
1 TL Olivenöl
120 ml trockener Weißwein
150 ml Gemüsebrühe
(1/2 TL Instantpulver)
2 Seezungenfilets (à 200 g)
1 TL Zitronensaft
grob gemahlener Pfeffer
1 TL Speisestärke
1 EL Wasser
3 EL Cremefine wie Crème fraîche
1 Prise Safranpulver

pro Person | 2123 kJ
508 kcal

1. Reis nach Packungsanweisung in Salzwasser garen. Lauch waschen und in Ringe schneiden. Öl in einer Pfanne erhitzen und Lauchringe darin ca. 3 Minuten anbraten. Mit Weißwein und Brühe ablöschen und aufkochen lassen.

2. Seezungenfilets abspülen und trocken tupfen. Mit Zitronensaft beträufeln, salzen und pfeffern. Seezunge in die Weißweinsauce geben, ca. 10–12 Minuten bei geringer Hitze gar ziehen lassen und herausnehmen. Speisestärke mit Wasser anrühren, in die Sauce einrühren und aufkochen. Mit Cremefine verfeinern und mit Salz, Pfeffer und Safranpulver abschmecken. Seezunge in Weißweinsauce mit Reis und Gemüse servieren.

Rotbarsch mit Kräuterhaube

Fertig in: 40 Minuten
Davon aktiv: 20 Minuten

Für 4 Personen:
4 Rotbarschfilets (à 125 g)
1 unbehandelte Zitrone
Salz, Pfeffer
5 grüne Oliven, in Lake, ohne Stein
1 getrocknete Tomate ohne Öl
1 Scheibe Vollkorntoast
1 EL Halbfettmargarine
2 EL gemischte gehackte Kräuter
(z. B. Petersilie, Thymian, Basilikum)
250 g Pflücksalatmischung (Kühltheke)
150 ml Buttermilch
1 TL Honig
4 Scheiben Baguettebrot

pro Person | 1116 kJ
267 kcal

1. Backofen auf 180° C (Gas: Stufe 2, Umluft: 160° C) vorheizen. Rotbarschfilets abspülen und trocken tupfen. Zitronenschale abreiben und Zitrone auspressen. Rotbarschfilets mit 2 Teelöffeln Zitronensaft beträufeln, mit Salz und Pfeffer würzen und in eine Auflaufform (ca. 20 x 30 cm) legen. Oliven hacken, Tomate fein würfeln und Toastbrot zerreiben. Margarine mit Oliven, Tomatenwürfeln, Toastbrotbröseln und Kräutern verkneten. Mit Salz und Pfeffer würzen und Masse auf den Rotbarschfilets verteilen.

2. Im Backofen auf mittlerer Schiene ca. 20 Minuten garen. Salatmischung waschen und trocken schleudern. Buttermilch mit 1/2 Teelöffel Zitronenschale, 1 Esslöffel Zitronensaft und Honig verrühren, mit Salz und Pfeffer würzen. Dressing über den Salat geben. Rotbarschfilets mit Baguette und Salat servieren.

Fischfrikadellen mit Kartoffel-Gurken-Salat

Fertig in: 75 Minuten
Davon aktiv: 30 Minuten

Für 4 Personen:
600 g festkochende Kartoffeln
Salz
1 große Salatgurke
4 EL Weißweinessig
125 ml Gemüsebrühe
(1/2 TL Instantpulver)
1 EL Schmand
2 TL Tafelmeerrettich (Glas)
1 EL gehackter Dill
Pfeffer
500 g Seelachsfilet
2 EL Paniermehl
1 Ei
1 EL gehackte Petersilie
1 TL Senf
3 TL Pflanzenöl

pro Person
7 ProPoints Wert | 1285 kJ
307 kcal

1. Kartoffeln waschen und mit Schale in Salzwasser ca. 20 Minuten garen. Gurke waschen und in Scheiben schneiden oder hobeln. Essig mit Brühe, Schmand und 1 Teelöffel Meerrettich verquirlen. Dill untermischen und mit Salz und Pfeffer kräftig würzen. Kartoffeln abgießen, pellen und in Scheiben schneiden. Mit Gurkenscheiben und Dressing mischen.

2. Seelachs abspülen, trocken tupfen und in einer Küchenmaschine zerkleinern oder fein hacken. See-lachsmasse ca. 10 Minuten in den Gefrierschrank stellen. Masse mit Paniermehl, Ei, Petersilie, Senf und restlichem Meerrettich verkneten. Mit 1/2 Teelöffel Salz und Pfeffer würzen. Aus der Masse 12 kleine Frika-dellen formen. Öl portionsweise in einer Pfanne erhit-zen und darin jeweils 4 Fischfrikadellen ca. 5 Minuten von jeder Seite braten. Kartoffel-Gurken-Salat mit Salz und Pfeffer abschmecken und mit Fischfrikadellen servieren.

Kräuterlachs aus dem Ofen

Fertig in: 35 Minuten
Davon aktiv: 15 Minuten

Für 4 Personen:
700 g mehligkochende Kartoffeln
Salz
4 Lachsfilets (à 125 g)
Pfeffer
je 4 Zweige Thymian und Dill
1/2 unbehandelte Zitrone
800 g Zuckererbsenschoten
250 ml Gemüsebrühe
(1 TL Instantpulver)
100 ml lauwarme fettarme Milch
1 EL gehackte Petersilie
1 Prise geriebene Muskatnuss

pro Person
11 ProPoints Wert | 2198 kJ
526 kcal

1. Kartoffeln schälen, halbieren und in Salzwasser ca. 20 Minuten garen. Backofen auf 200° C (Gas: Stufe 3, Umluft: 180° C) vorheizen. Lachsfilets abspülen und trocken tupfen. Salzen, pfeffern und in eine Auflauf-form (ca. 20 x 20 cm) legen. Thymian und Dill waschen, trocken schütteln und auf den Lachsfilets verteilen. Zitronenhälfte in 4 Scheiben schneiden und auf die Kräuter legen.

3. Lachsfilets im Backofen auf mittlerer Schiene ca. 12–15 Minuten garen. Zuckererbsenschoten waschen, in Brühe ca. 5 Minuten zugedeckt dünsten und abgie-ßen. Kartoffeln abgießen und mit Milch zerstampfen. Mit Salz, Pfeffer, Petersilie und Muskatnuss würzen. Kräuterlachs mit Petersilienpüree und Zuckererbsen-schoten servieren.

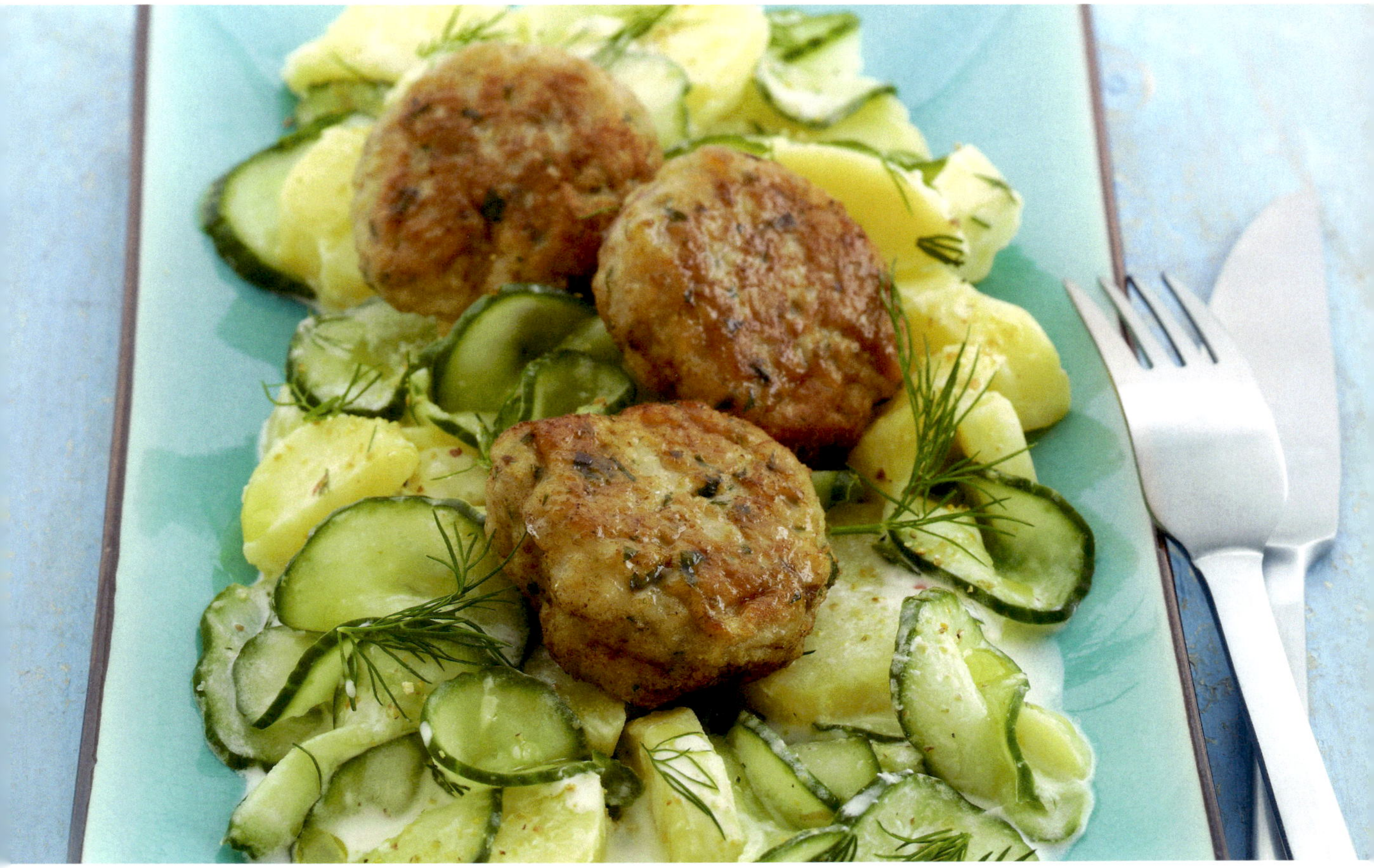

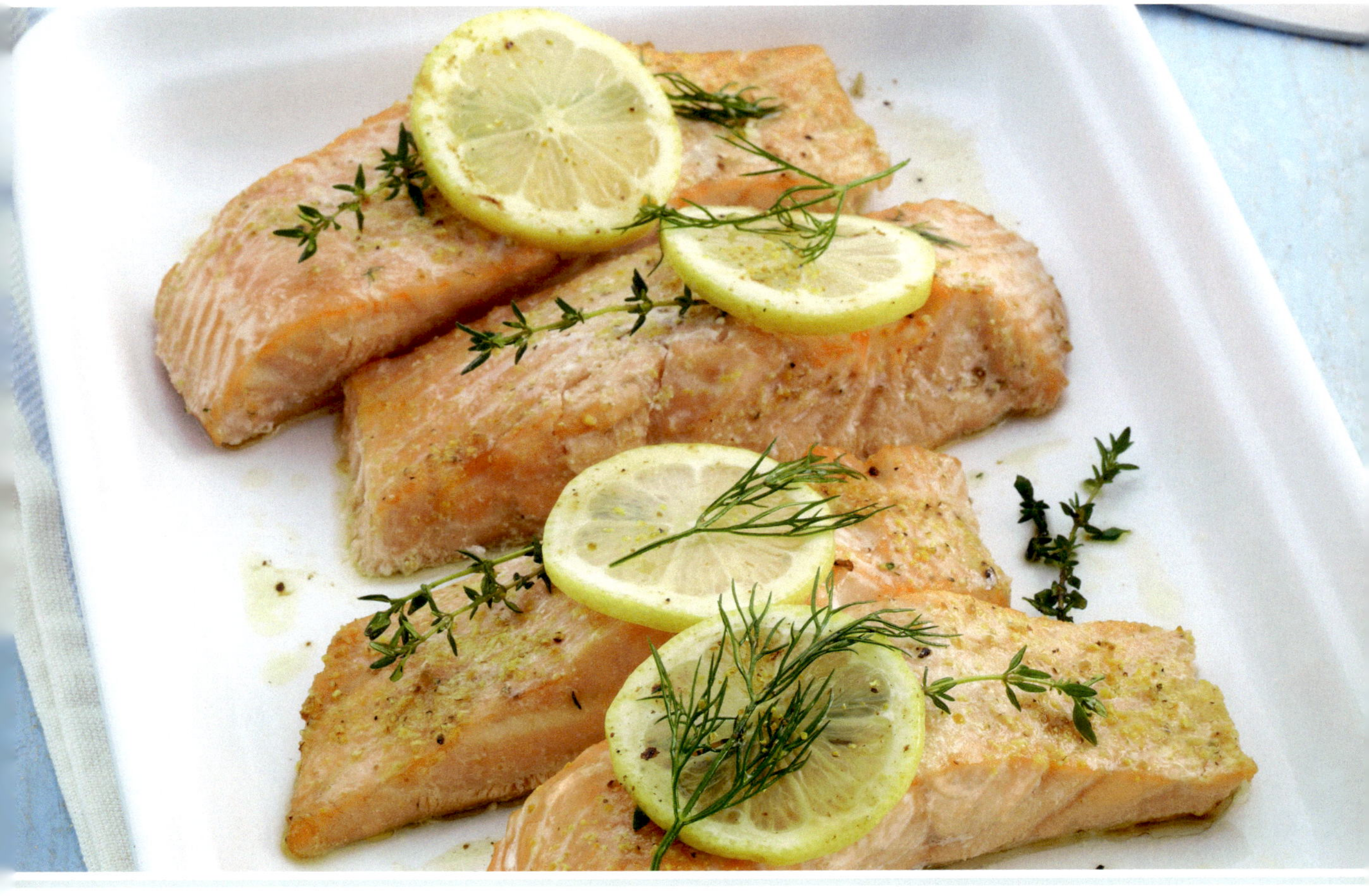

Gratinierter Lachs mit Rahmwirsing

Fertig in: 80 Minuten
Davon aktiv: 35 Minuten

Für 4 Personen:
350 g festkochende Kartoffeln
Salz, Pfeffer
4 Lachsfilets (à 125 g)
1 EL Zitronensaft
1 Ei
1 TL Kartoffelstärke
1 TL gehackter Thymian
120 g Baguette
1 Wirsing
400 ml Gemüsebrühe
(2 TL Instantpulver)
3 EL Schmand
1 TL Senf

pro Person
 2136 kJ
511 kcal

1. Kartoffeln waschen und mit Schale in Salzwasser ca. 15–18 Minuten garen. Backofen auf 200° C (Gas: Stufe 3, Umluft: 180° C) vorheizen. Kartoffeln abgießen, pellen und grob raspeln. Lachsfilets abspülen, trocken tupfen, mit Zitronensaft beträufeln, salzen und pfeffern. Lachsfilets in eine Auflaufform (ca. 20 x 20 cm) legen.

2. Ei verquirlen und mit Kartoffelraspeln und Stärke mischen. Mit Salz, Pfeffer und Thymian würzen und Masse auf den Lachsfilets verteilen. Im Backofen auf mittlerer Schiene ca. 20 Minuten backen. Baguette in 8 dünne Scheiben schneiden, ca. 5 Minuten vor Ende der Garzeit dazulegen und rösten.

3. Wirsing putzen, vierteln, den Strunk entfernen und Wirsing in Streifen schneiden. Wirsingstreifen in Brühe ca. 20 Minuten garen. Mit Schmand und Senf verfeinern, mit Salz und Pfeffer abschmecken. Gratinierten Lachs mit Rahmwirsing und Baguette servieren.

Kabeljauragout mit Meerrettich

Fertig in: 40 Minuten
Davon aktiv: 15 Minuten

Für 4 Personen:
1 kleine Stange Staudensellerie
(ca. 400 g)
700 g Karotten
2 TL Pflanzenöl
500 ml Gemüsebrühe
(2 TL Instantpulver)
2 TL Tafelmeerrettich (Glas)
220 g trockener Langkornreis
Salz, Pfeffer
3 EL Crème légère
1/2 TL Kurkuma
1 EL Zitronensaft
400 g Kabeljaufilet (frisch oder TK)

pro Person
 1521 kJ
364 kcal

1. Sellerie waschen, Karotten schälen und beides in Scheiben schneiden. Öl in einem Topf erhitzen und Sellerie mit Karottenscheiben darin ca. 3 Minuten dünsten. Mit Brühe ablöschen, Meerrettich einrühren und ca. 15 Minuten garen. Reis nach Packungsanweisung in Salzwasser garen.

2. Gemüse mit Crème légère verfeinern und mit Salz, Pfeffer, Kurkuma und Zitronensaft würzen. Kabeljaufilet gegebenenfalls auftauen, abspülen, trocken tupfen und in Stücke schneiden. Kabeljaustücke zum Gemüse geben und darin zugedeckt ca. 5 Minuten gar ziehen lassen. Kabeljauragout mit Reis servieren.

Lachslasagne mit Spinat

Fertig in: 60 Minuten
Davon aktiv: 20 Minuten

Für 4 Personen:
1 Zwiebel
1 TL Pflanzenöl
900 g Blattspinat (TK)
3 EL Frischkäse, bis 1 % Fett absolut
Salz, Pfeffer
1 Prise geriebene Muskatnuss
200 g Räucherlachs
2 Beutel Sauce Hollandaise, fettarm
1 EL Zitronensaft
12 trockene Lasagneplatten
4 EL geriebener Parmesan

 1990 kJ
476 kcal

1. Zwiebel schälen und würfeln. Öl in einer Pfanne erhitzen und Zwiebelwürfel darin glasig andünsten. Gefrorenen Spinat zugeben und zugedeckt auftauen lassen, dabei zwischendurch umrühren. Mit Frischkäse verfeinern und mit Salz, Pfeffer und Muskatnuss würzen. Backofen auf 200° C (Gas: Stufe 3, Umluft: 180° C) vorheizen. Räucherlachs in Streifen schneiden.

2. Sauce Hollandaise nach Packungsanweisung zubereiten und mit Zitronensaft verfeinern. Spinat, Lachsstreifen, Lasagneplatten und Sauce im Wechsel in eine Auflaufform (ca. 20 x 30 cm) schichten, dabei mit Lasagneplatten und Sauce Hollandaise abschließen. Mit Parmesan bestreuen. Lachslasagne im Backofen auf mittlerer Schiene ca. 40 Minuten backen und servieren.

Tunfischfilets mit Gemüsespießen

Fertig in: 45 Minuten
Davon aktiv: 40 Minuten

Für 2 Personen:
1 Zucchini
1 rote Paprika
250 g Cocktailtomaten
4 TL Olivenöl
Salz, Pfeffer
1 TL gehackter Thymian
3 Scheiben Parmaschinken
2 Tunfischfilets (à 125 g)
250 ml Gemüsebrühe
(1 TL Instantpulver)
1 EL Schmand

 2404 kJ
575 kcal

1. Backofen auf 180° C (Gas: Stufe 2, Umluft: 160° C) vorheizen. Zucchini, Paprika und Tomaten waschen. Zucchini in ca. 1 cm dicke Scheiben schneiden, Paprika entkernen und würfeln. Gemüse abwechselnd auf Spieße stecken. 3 Teelöffel Öl mit Salz, Pfeffer und Thymian würzen. Gemüsespieße damit bestreichen. Spieße auf ein Backblech geben und im Backofen auf mittlerer Schiene ca. 30 Minuten garen.

2. Parmaschinken halbieren. Tunfischfilets abspülen, trocken tupfen, in je 3 Stücke schneiden, salzen und pfeffern und mit je 1/2 Scheibe Schinken umwickeln. Restliches Öl in einer Pfanne erhitzen und Tunfisch darin ca. 2 Minuten rundherum anbraten. Tunfisch herausnehmen und ca. 5 Minuten zu den Gemüsespießen in den Backofen geben. Bratensatz mit Brühe ablöschen, mit Schmand verfeinern und mit Salz und Pfeffer würzen. Tunfischfilets mit Gemüsespießen und Sauce servieren.

Gemüse

Bunte Vielfalt. Ratatouille mit Auberginen, Karotten-Kürbis-Eintopf oder Zucchini-Spirelli-Frittata – die frische Gemüseküche hat jede Menge zu bieten.

Gemüsesorten

Gemüse ist ein wichtiger Baustein einer gesunden Ernährung sowie einer leichten Küche. Der hohe Gehalt an Vitaminen, Mineral- und Ballaststoffen zeichnet es ebenso aus wie sein geringer Energiewert. Seine bunte Vielfalt macht das Kochen mit Gemüse so abwechslungsreich.

Spargel ist ein besonderer Genuss im Frühjahr. Importierter Spargel ist ganzjährig erhältlich, kann aber geschmacklich dem heimischen Erzeugnis nicht das Wasser reichen. In der Regel werden hierzulande weißer und grüner Spargel angeboten, seltener auch violetter Spargel. Die verschiedenen Farben entstehen durch den unterschiedlichen Anbau. Weißer Spargel ist der mildeste, er wächst ausschließlich unter der Erde. Sobald die zarten Spitzen aus dem Boden wachsen, verfärben sie sich violett, und der Spargel bekommt ein etwas würzigeres Aroma. Grüner Spargel wird hingegen oberirdisch angebaut. Durch seinen Kontakt zu Sonnenlicht entwickelt er die kräftige Farbe und einen intensiveren, würzigen Geschmack.

Sellerie gehört zum Wurzelgemüse und schmeckt roh und gegart. Wegen seines würzigen und aromatischen Geschmacks eignet sich Sellerie gut zum Abrunden von Eintopfgerichten und Suppen. Knollensellerie ist ein typisches Herbst- und Wintergemüse, in den Sommermonaten bekommt man im Handel meist nur sehr kleine Knollen. Vom Staudensellerie verzehrt man hingegen nur die fleischigen Blattstiele.

Spinat wird als Blatt- und Wurzelspinat angeboten. Geschmacklich unterscheiden sich die beiden nicht, bei Blattspinat fällt aber erheblich weniger Abfall an. Im Frühling und Sommer sind die Spinatblätter zart und fein, danach wird der kräftigere Winterspinat angeboten. Wenn es schnell gehen soll, ist vorblanchierter TK-Spinat eine gute Wahl.

Bohnen wachsen in den unterschiedlichsten Farben und Formen. Ob Busch-, Prinzess-, Wachs- oder Stangenbohnen – das Samengemüse liefert eine Menge an Mineralstoffen, Vitaminen und hochwertigem Eiweiß. Roh sind Bohnen durch natürliche Giftstoffe ungenießbar, daher müssen sie vor dem Verzehr immer gegart werden.

Rotkohl lässt sich in feinen Streifen als Salat verarbeiten, gegart passt er sehr gut zu Fleisch, Wild und Geflügel. Die Hauptsaison für Rotkohl startet im Herbst. Danach wird der Kohl eingelagert und steht somit bis in die frühen Sommermonate zur Verfügung. Sein hoher Vitamingehalt macht Rotkohl zum optimalen Wintergemüse.

Tomaten sind ganzjährig verfügbar, schmecken aber am besten, wenn sie im Sommer aus regionalem Anbau stammen. Der hohe Wassergehalt und eine Vielzahl an Verwendungsmöglichkeiten machen die Tomate zu einem Muss für eine ausgewogene und abwechslungsreiche Ernährung.

Spargel

Bohnen

Sellerie

Rotkohl

Spinat

Tomaten

Gemüsekunde

Saisonkalender

Ein großer Teil des Gemüseangebotes kommt aus fernen Ländern in unsere Läden. Der Vorteil daran ist, dass ganzjährig ein großes Angebot zur Verfügung steht. Nachteilig ist allerdings der lange Transportweg. Außerdem wird das Gemüse noch unreif geerntet – das beeinträchtigt zum Teil den Geschmack und auch den Nährstoffgehalt.

Regional angebautes Gemüse hingegen ist besonders frisch und reich an Vitaminen. Zusätzlich schonen kurze Transportwege die Umwelt. Der nachfolgende Saisonkalender zeigt Ihnen, wann welche Gemüsesorten frisch aus heimischem Anbau verfügbar sind.

GEMÜSE	Jan	Feb	Mär	Apr	Mai	Jun	Jul	Aug	Sep	Okt	Nov	Dez
Blumenkohl					●	●	●	●	●	●	○	
Bohnen, dicke						○	●	●				
Bohnen, grüne						●	●	●	●	○		
Broccoli						○	●	●	●	●	○	
Eisbergsalat					●	○	●	●	●	●		
Erbsen						●	●					
Feldsalat	○	●	○							●	●	●
Fenchel							○	●	●	●		
Grünkohl	○	●									●	●
Gurke						○	●	●	●	○		
Karotten						○	●	●	●	●	●	●
Kartoffeln							○	●	●	●	●	●
Kohlrabi					●	●	○	●	●	●		
Kopfsalat					●	●	○	●	●	●		
Kürbis								●	●	●	●	○
Lauch							○	●	●	●	●	●
Mangold						○	●	●	●	●		
Paprika							○	●	●	●		
Radicchio						○	●	●	●	●		
Radieschen				○	●	●	●	●	●	○		
Rettich						○	●	●	●	●		
Rosenkohl		○								●	●	●
Rote Bete							○	●	●	●	●	●
Rotkohl							○	●	●	●	●	●
Rucola				○	●	●	●	●	●	○		
Schwarzwurzeln		○	○								●	●
Sellerie							○	●	●	●	●	●
Spargel				○	●	●						
Spinat				●	○			●	●	●	●	○
Tomaten							○	●	●	●		
Weiß-/Spitzkohl						○	●	●	●	●	●	●
Wirsing		○					○	●	●	●	●	●
Zucchini						○	●	●	●	○		

Lagerung

Die meisten Gemüse und Salatsorten bleiben im Gemüsefach des Kühlschranks am längsten frisch. Einige Sorten (z. B. Tomaten und Zucchini) reagieren auf die Kälte jedoch empfindlich. Lagern Sie diese besser bei Raumtemperatur an einem dunklen Ort.

Angeschnittene Zwiebeln halten sich noch einige Tage im Kühlschrank. Sie sollten aber in jedem Fall in einem luftdichten Gefäß gelagert werden, weil sich der Zwiebelgeschmack aufgrund der flüchtigen ätherischen Öle auf andere Lebensmittel im Kühlschrank überträgt.

Bewahren Sie Gemüse und Obst besser getrennt voneinander auf. Die reifen Früchte einiger Obstsorten (z. B. Äpfel, Birnen, Kirschen) scheiden das gasförmige Ethylen aus, das den Reifeprozess von Gemüse und anderem Obst beschleunigt.

Übrigens ...

... kann der Kauf von TK-Gemüse – besonders im Winter – eine gute Alternative sein. Das Gemüse wird umgehend nach der Ernte blanchiert und eingefroren, sodass der Vitamingehalt nur wenig vermindert ist.

TK-Gemüse

Achten Sie darauf, dass die Kühlkette beim Transport nicht unterbrochen wird.

Zubereitung

Gemüse sollte nur kurz, aber gründlich gewaschen werden. Legen Sie Gemüse zur Reinigung nie in Wasser, da auf diese Weise wertvolle Nährstoffe verloren gehen können.

Gemüsesorten, deren Schale ungenießbar ist, werden am besten mit einem Gemüseschäler oder einem sehr scharfen Gemüsemesser geschält. Hier gilt: je dünner, desto besser.

Salatgurken und Zucchini können mit Schale verzehrt werden. Ungeschält schmecken sie nicht nur besonders knackig, sondern liefern auch die meisten Nährstoffe.

Manche Schalen können Sie anschließend noch verwerten. Kochen Sie Spargelschalen ca. 20 Minuten in dem Wasser, in dem Sie anschließend die Spargelstangen garen. So bleibt der Spargel besonders aromatisch. Alternativ können Sie den Spargelsud als Basis für eine selbst gemachte Spargelsuppe verwenden.

Gemüse eignet sich hervorragend für schonende Garverfahren wie Dünsten oder Dämpfen. Hier gilt: Nehmen Sie so wenig Flüssigkeit wie nötig und erhitzen Sie das Gemüse so kurz wie möglich. Vermeiden Sie unbedingt langes Warmhalten, da währenddessen wertvolle Vitamine zerstört werden.

Beschriften Sie Lebensmittel vor dem Einfrieren mit Produktnamen und Datum.

Gemüse vorbereiten

Auberginen & Zucchini

Auberginen & Zucchini waschen, Stielansatz entfernen.

Auberginen und Zucchini mit Schale in Scheiben, ...

... Stifte oder Würfel schneiden.

Broccoli & Blumenkohl

Broccolistiel und Blumenkohlstrunk entfernen.

Stiele schälen und in Scheiben oder Würfel schneiden.

Broccoli und Blumenkohl in gleichgroße Röschen teilen.

Fenchel

Untere Schnittfläche, Stiele und zartes Grün abschneiden.

Knolle teilen, harten Strunk keilförmig herausschneiden.

Fenchel in feine Streifen oder in Stücke schneiden.

Lauch

Lauchstangen von äußeren Blättern und Wurzeln befreien ...

... und der Länge nach einschneiden.

Lauchstangen waschen und in Ringe schneiden.

Rotkohl

Äußere Blätter entfernen und den Rotkohl vierteln.

Aus jedem Kohlviertel den Strunk keilförmig herausschneiden.

Kohlviertel quer in dünne Scheiben schneiden, die in Streifen zerfallen.

Paprika häuten

Paprikaschoten halbieren und entkernen.

Auf oberster Schiene im Backofen bei 200° C ca. 10 Minuten backen.

Paprikahaut mit einem Gemüsemesser entfernen.

Hülsenfrüchte

Früher galten getrocknete Hülsenfrüchte als Arme-Leute-Essen. Mittlerweile haben aber auch sie Einzug in die moderne Küche erhalten. Zudem kommen neue Produkte mit kürzeren Garzeiten aus, sind bekömmlicher und vielfältig in den Zubereitungsmöglichkeiten.

Erbsen sind geschält und ungeschält im Supermarkt erhältlich. Die geschälte Erbse hat ein feines süßliches Aroma, verliert aber durch das Entfernen der Schale Nährstoffe. Gelbe und grüne Erbsen unterscheiden sich nur durch Farbe und Größe. Die Kocheigenschaften sind ähnlich.

Bohnen werden in getrockneter Form in sehr vielen Sorten angeboten. Besonders beliebt sind weiße Bohnen. Unter diesen Begriff fallen alle weißen und cremefarbigen Sorten. Sie kochen weicher als dunkle Bohnen und sind auch milder im Geschmack. Weiße Bohnen eignen sich für Eintöpfe, Salate und als Beilage.

Kichererbsen kommen in vielen orientalischen Gerichten vor. Zu dem nussigen Geschmack passen hervorragend kräftige Gewürze wie Kreuzkümmel und Koriander. Getrocknete Ware muss nach einer Einweichzeit von mindestens einem Tag weitere zwei Stunden kochen.

Linsen haben eine sprichwörtliche Renaissance erlebt. Neben den altbekannten Grünen Linsen haben neue, aromatische Sorten wie Puy- oder Beluga-Linsen unsere Küchen erobert. Linsen enthalten viel Eisen und leisten einen großen Beitrag zur Bedarfsdeckung vieler Nährstoffe für den Körper.

Dosenkonserven

Für den spontanen Genuss eignen sich Konserven, die sofort verarbeitet werden können. Dosenkonserven, die rostig, eingedellt oder gewölbt sind, sollten entsorgt werden. Der Inhalt geöffneter Dosen sollte zur Aufbewahrung in ein anderes Gefäß gefüllt und im Kühlschrank aufbewahrt werden.

Erbsen

Kichererbsen

Weiße Bohnen

Rote Linsen

Vegetarische Wirsingrouladen

Fertig in: 80 Minuten
Davon aktiv: 45 Minuten

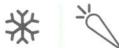

Für 4 Personen:
200 g Räuchertofu
2 kleine Karotten
1 grüne Paprika
1 Ei
150 g Kräuterfrischkäse,
bis 1 % Fett absolut
1 EL Schnittlauchringe
2 TL Paprikapulver
Salz
Pfeffer
1 Wirsing (ca. 1 kg)
2 TL Pflanzenöl
400 ml Gemüsebrühe
(2 TL Instantpulver)
800 g festkochende Kartoffeln
100 ml Cremefine zum Kochen,
7 % Fett
1 EL Mehl
1 EL gehackte Petersilie

pro Person
8 ProPointsWert
1832 kJ
438 kcal

1. Für die Rouladenfüllung Räuchertofu fein würfeln. Karotten schälen, Paprika waschen und entkernen. Karotten und Paprika in feine Würfel schneiden. Tofu mit Karotten- und Paprikawürfeln, Ei, Kräuterfrischkäse und Schnittlauchringen verrühren. Mit Salz, Pfeffer und 1 Teelöffel Paprikapulver würzen.

2. Wirsing putzen und 8 große Blätter abtrennen. Restlichen Wirsing vierteln, den Strunk entfernen und in Streifen schneiden. Blätter in kochendem Salzwasser ca. 2 Minuten vorgaren.

3. Je 2 Wirsingblätter überlappend nebeneinander legen und Füllung auf den Blättern verteilen. Die Blattseiten nach innen einklappen und zu Rouladen aufrollen. Mit Rouladengarn umwickeln. Gegebenenfalls restliche Füllung zur Seite stellen.

4. Öl in einem Topf erhitzen und Rouladen darin ca. 5–10 Minuten rundherum anbraten und herausnehmen. Wirsingstreifen mit restlicher Rouladenfüllung im Bratensatz ca. 3–5 Minuten anbraten. Rouladen zugeben, mit Brühe ablöschen und ca. 35 Minuten zugedeckt schmoren.

5. Kartoffeln schälen und in Salzwasser ca. 20 Minuten garen. Cremefine mit Mehl verrühren. Rouladen herausnehmen und Mehl-Cremefine-Mischung unter den Wirsing rühren. Weitere ca. 3 Minuten köcheln lassen. Mit Salz, Pfeffer und restlichem Paprikapulver abschmecken. Kartoffeln abgießen und mit Petersilie bestreuen. Rouladen mit Rahmwirsing und Kartoffeln servieren.

Geschmorter Orangenchicorée

Fertig in: 35 Minuten
Davon aktiv: 25 Minuten

Für 4 Personen:
4 große Chicorée
1 Zwiebel
2 TL Pflanzenöl
Salz, Pfeffer
200 g trockener Vollkornreis
2 Orangen
150 ml Gemüsebrühe
(1/2 TL Instantpulver)
1/4 TL geriebener Ingwer
2 Prisen Kurkuma
2 Prisen Currypulver
1 TL Speisestärke
1 EL Wasser
100 g Frischkäse, bis 1 % Fett absolut
2 EL gemischte gehackte Kräuter

 pro Person | 6 ProPoints Wert | 1251 kJ
299 kcal

1. Chicorée waschen, längs halbieren und die Strünke herausschneiden. Zwiebel schälen und würfeln. Öl in einer Pfanne erhitzen und Chicoréehälften darin mit der Schnittfläche nach unten ca. 2–3 Minuten anbraten. Zwiebelwürfel zugeben, kurz mitbraten, salzen und pfeffern. Reis nach Packungsanweisung in Salzwasser garen. 1 Orange auspressen. Chicorée mit Brühe und Orangensaft ablöschen und zugedeckt ca. 10 Minuten schmoren.

2. Restliche Orange schälen und filetieren. Chicorée aus der Pfanne nehmen und im Backofen bei 60° C warm stellen. Sauce mit Ingwer, Kurkuma und Currypulver würzen. Speisestärke mit Wasser anrühren, in die Sauce einrühren und kurz aufkochen. Frischkäse einrühren. Orangenfilets zugeben, kurz in der Sauce erhitzen und über den Chicorée geben. Reis mit Kräutern vermischen und mit Orangenchicorée servieren.

Bunte Bohnenpfanne

Fertig in: 25 Minuten
Davon aktiv: 10 Minuten

Für 4 Personen:
1 Dose Kichererbsen
(265 g Abtropfgewicht)
1 Dose weiße Bohnen
(190 g Abtropfgewicht)
2 TL Olivenöl
500 g passierte Tomaten (Konserve)
100 ml Gemüsebrühe
(1/2 TL Instantpulver)
100 g Erbsen (TK)
1 TL Kreuzkümmel
Salz, Pfeffer
4 Ecken Fladenbrot (à 50 g)

 pro Person | 8 ProPoints Wert | 1296 kJ
310 kcal

1. Kichererbsen und Bohnen abspülen und abtropfen lassen. Öl in einer Pfanne erhitzen und Kichererbsen kurz darin andünsten. Mit Tomaten und Brühe ablöschen und ca. 5 Minuten köcheln lassen.

2. Bohnen und Erbsen zugeben und weitere ca. 8 Minuten garen. Bohnenpfanne mit Kreuzkümmel, Salz und Pfeffer würzen. Bunte Bohnenpfanne mit Fladenbrot servieren.

Nach Wunsch ...

... mit gehacktem Koriander bestreut servieren.

Buntes Gemüse mit Couscous-Füllung

Fertig in: 70 Minuten
Davon aktiv: 35 Minuten

Für 4 Personen:
4 große Tomaten
1 große Zucchini (ca. 300 g)
4 große Champignons
2 TL Pflanzenöl
200 g trockener Couscous
500 ml Gemüsebrühe
(2 TL Instantpulver)
5 EL gehackte Petersilie
Salz
Pfeffer
1/2 TL Kreuzkümmel
1 Ei
60 g geriebener Käse, 30 % Fett i. Tr.
1 unbehandelte Limette
250 g fettarmer Joghurt
1 Prise gemahlener Koriander

pro Person
8
1531 kJ
366 kcal

1. Tomaten und Zucchini waschen, Champignons trocken abreiben. Von den Tomaten einen Deckel abschneiden und mit einem Teelöffel aushöhlen. Zucchini in 4 Stücke schneiden, mit einem Löffel aushöhlen, dabei einen ca. 1 cm breiten Rand stehen lassen. Champignonstiele herauslösen.

2. Gemüsefruchtfleisch und Champignonstiele fein hacken. Öl in einem Topf erhitzen und Couscous darin ca. 1 Minute anrösten. Gehacktes Gemüsefruchtfleisch zugeben und ca. 1 Minute dünsten. Mit 300 ml Brühe ablöschen und zugedeckt ca. 10 Minuten quellen lassen. Backofen auf 200° C (Gas: Stufe 3, Umluft: 180° C) vorheizen.

3. Gemüse-Couscous-Masse mit Petersilie mischen, mit Salz, Pfeffer und Kreuzkümmel würzen und in zwei Hälften teilen. Ei verquirlen, mit einer Hälfte Couscous mischen und in das ausgehöhlte Gemüse füllen. In eine Auflaufform (ca. 20 x 30 cm) setzen. Restliche Brühe angießen und im Backofen auf mittlerer Schiene ca. 25–30 Minuten garen. Gemüse ca. 5 Minuten vor Ende der Garzeit mit Käse bestreuen.

4. Limettenschale abreiben und Limette auspressen. Joghurt mit Limettenschale und 2 Teelöffeln Limettensaft verfeinern. Mit Salz, Pfeffer und Koriander abschmecken. Gefülltes Gemüse mit restlichem Couscous und Limetten-Joghurt-Sauce servieren.

Gefüllte Pfannkuchen

Fertig in: 35 Minuten
Davon aktiv: 20 Minuten

Für 4 Personen:
500 g Lauch
300 g Champignons (Konserve)
100 g gekochter Schinken
2 EL Wasser
100 ml Gemüsebrühe
(1/2 TL Instantpulver)
200 g Mehl
1 TL Backpulver
Salz
150 ml Buttermilch
2 Eier
250 ml kohlensäurehaltiges
Mineralwasser
4 TL Pflanzenöl
1 kleines Bund Schnittlauch
3 EL Crème légère
Pfeffer

1. Lauch waschen und in Ringe schneiden. Champignons abtropfen lassen. Schinken würfeln. Lauchringe und Champignons mit Schinkenwürfeln in einer Pfanne in Wasser ca. 3 Minuten anbraten. Mit Brühe ablöschen und ca. 8–10 Minuten zugedeckt dünsten.

2. Mehl mit Backpulver und 1/2 Teelöffel Salz mischen. Buttermilch mit Eiern verquirlen und Mineralwasser mit Mehlmischung kurz unterrühren. Öl portionsweise in einer Pfanne erhitzen und nacheinander 4 Pfannkuchen abbacken, dabei von jeder Seite ca. 3–5 Minuten braten. Im Backofen bei 60° C warm stellen.

3. Schnittlauch waschen, trocken schütteln und in Ringe schneiden. Lauch-Champignon-Gemüse mit Crème légère und Schnittlauchringen verfeinern. Mit Salz und Pfeffer abschmecken. Pfannkuchen mit Lauch-Champignon-Gemüse füllen und nach Wunsch mit Schnittlauchstängeln garniert servieren.

pro Person
9 ProPoints Wert | 1526 kJ
365 kcal

Hokkaidokürbis ...

... ist eine beliebte Kürbissorte. Er muss nicht geschält werden und hat einen aromatischen nussigen Geschmack.

Karotten-Kürbis-Eintopf

Fertig in: 45 Minuten
Davon aktiv: 20 Minuten

Für 4 Personen:
1/2 Hokkaidokürbis (ca. 400 g)
1 Zwiebel
800 g mehligkochende Kartoffeln
700 g Karotten
1 große Stange Lauch
2 TL Pflanzenöl
Salz, Pfeffer
2 TL Currypulver
400 ml Gemüsebrühe
(2 TL Instantpulver)
2 EL gehackte Petersilie

pro Person
5 ProPoints Wert
1124 kJ
269 kcal

1. Kürbis vierteln und Kerne mit einem Löffel entfernen. Zwiebel, Kartoffeln und Karotten schälen und mit Kürbisfleisch würfeln. Lauch waschen und in Ringe schneiden. Öl in einem großen Topf erhitzen. Zwiebel-, Kartoffel-, Karotten- und Kürbiswürfel darin ca. 3 Minuten dünsten. Mit Salz, Pfeffer und Currypulver würzen, Brühe angießen und ca. 20 Minuten köcheln lassen.

2. Lauchringe untermischen und weitere ca. 5 Minuten garen. Petersilie unterrühren und Karotten-Kürbis-Eintopf servieren.

Spargel-Gemüse-Auflauf

Fertig in: 50 Minuten
Davon aktiv: 20 Minuten

Für 4 Personen:
je 1 rote und grüne Paprika
2 kleine Karotten
1 Zwiebel
1 TL Pflanzenöl
3 Tomaten
1 EL Tomatenmark
75 ml Gemüsebrühe
(1/2 TL Instantpulver)
Salz, Pfeffer
1/2 TL gehackter Oregano
je 600 g grüner und weißer Spargel
(ersatzweise Konserve)
4 EL geriebener Parmesan
4 Ciabattabrötchen

pro Person
5 ProPoints Wert
1353 kJ
324 kcal

1. Paprika waschen und entkernen. Karotten und Zwiebel schälen. Alles fein würfeln. Öl in einem Topf erhitzen, Paprika-, Karotten- und Zwiebelwürfel darin ca. 5 Minuten zugedeckt dünsten. Tomaten waschen und in Würfel schneiden. Tomatenmark zum Gemüse geben und kurz anschwitzen. Tomatenwürfel zugeben und kurz mitdünsten. Mit Brühe ablöschen. Mit Salz, Pfeffer und Oregano würzen und ca. 10 Minuten köcheln lassen.

2. Grünen Spargel waschen und das untere Drittel schälen. Weißen Spargel schälen und die holzigen Enden abschneiden. Beide Spargelsorten in kochendem Salzwasser ca. 5–8 Minuten vorgaren. Backofen auf 220° C (Gas: Stufe 4, Umluft: 200° C) vorheizen. Spargel abtropfen lassen und in eine Auflaufform (ca. 20 x 30 cm) geben. Mit Gemüsesauce übergießen und mit Parmesan bestreuen. Im Backofen auf mittlerer Schiene ca. 15 Minuten überbacken. Mit Ciabattabrötchen servieren.

Vollkornquiche mit Lauch

Fertig in: 90 Minuten
Davon aktiv: 40 Minuten

Für 12 Stücke:
250 g Weizenvollkornmehl
Salz
100 g Halbfettmargarine
70 ml kaltes Wasser
2 Zwiebeln
1,5 kg Lauch
2 TL Pflanzenöl
100 g magere Schinkenwürfel
Pfeffer
1 Prise geriebene Muskatnuss
1 Becher Crème légère (150 g)
2 Eier
3 EL Frischkäse, bis 1 % Fett absolut

pro Stück
773 kJ
185 kcal

1. Mehl mit 1/2 Teelöffel Salz, Margarine und Wasser verkneten. Teig zu einer Kugel formen, in Frischhaltefolie wickeln und ca. 30 Minuten kalt stellen. Zwiebeln schälen und würfeln. Lauch waschen und in Ringe schneiden.

2. 1 Teelöffel Öl in einer großen Pfanne erhitzen und Schinkenwürfel darin ca. 2 Minuten braten. Zwiebelwürfel und Lauchringe zufügen und unter Rühren ca. 5–8 Minuten mitbraten. Mit Salz, Pfeffer und Muskatnuss kräftig würzen. Crème légère mit Eiern und Frischkäse glatt rühren, salzen und pfeffern.

3. Backofen auf 200° C (Gas: Stufe 3, Umluft: 180° C) vorheizen. Eine Tarteform (Ø 26 cm) dünn mit dem restlichen Öl einpinseln. Teig rund ausrollen und Form damit auskleiden. Lauch-Schinken-Masse einfüllen, mit Eiermasse übergießen und im Backofen auf mittlerer Schiene ca. 45 Minuten backen. Vollkornquiche servieren.

Für eine Zwiebelquiche …

… den Lauch durch 1,5 kg Gemüsezwiebeln ersetzen. Der *ProPoints*® Wert pro Stück ändert sich nicht.

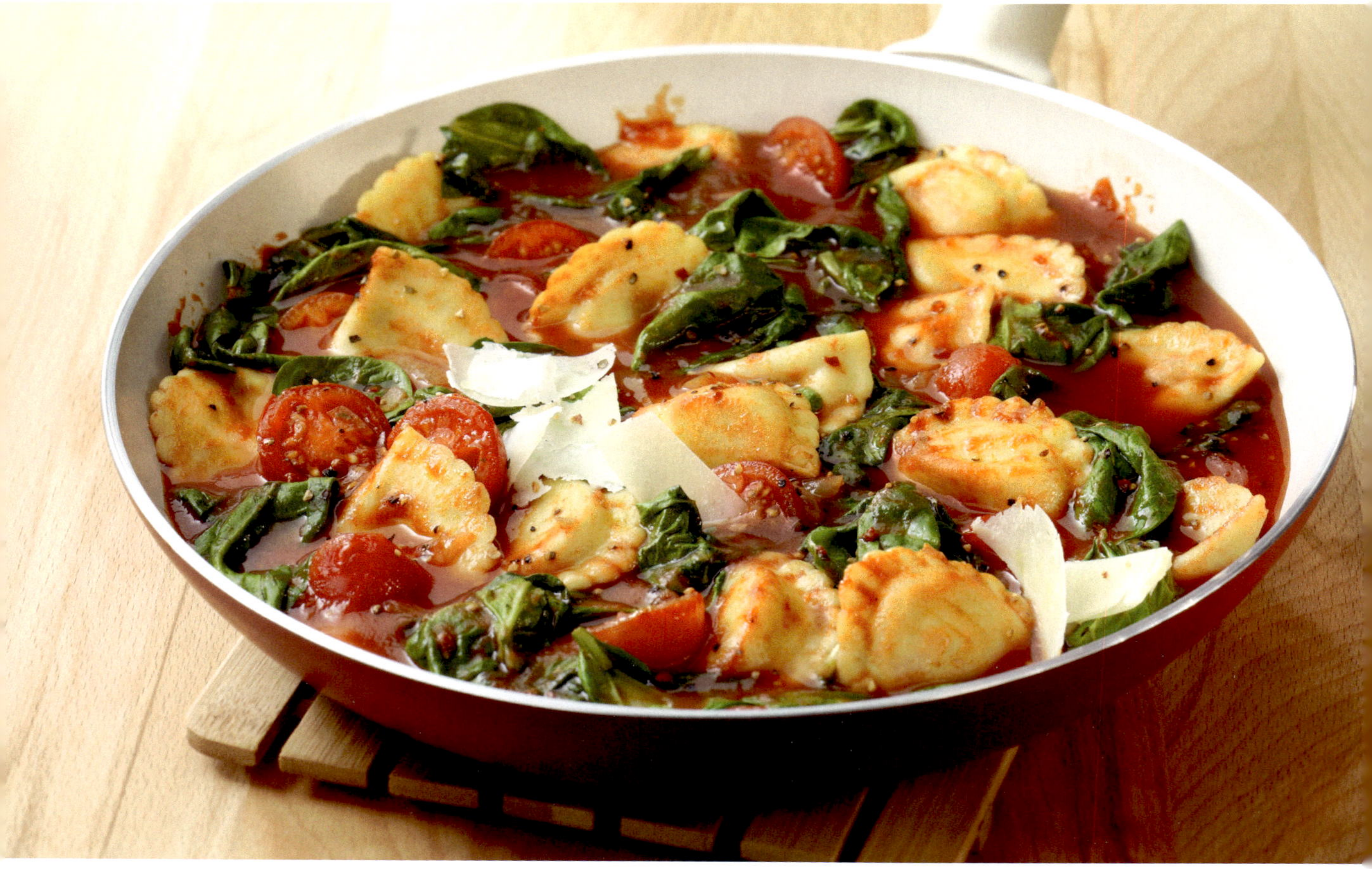

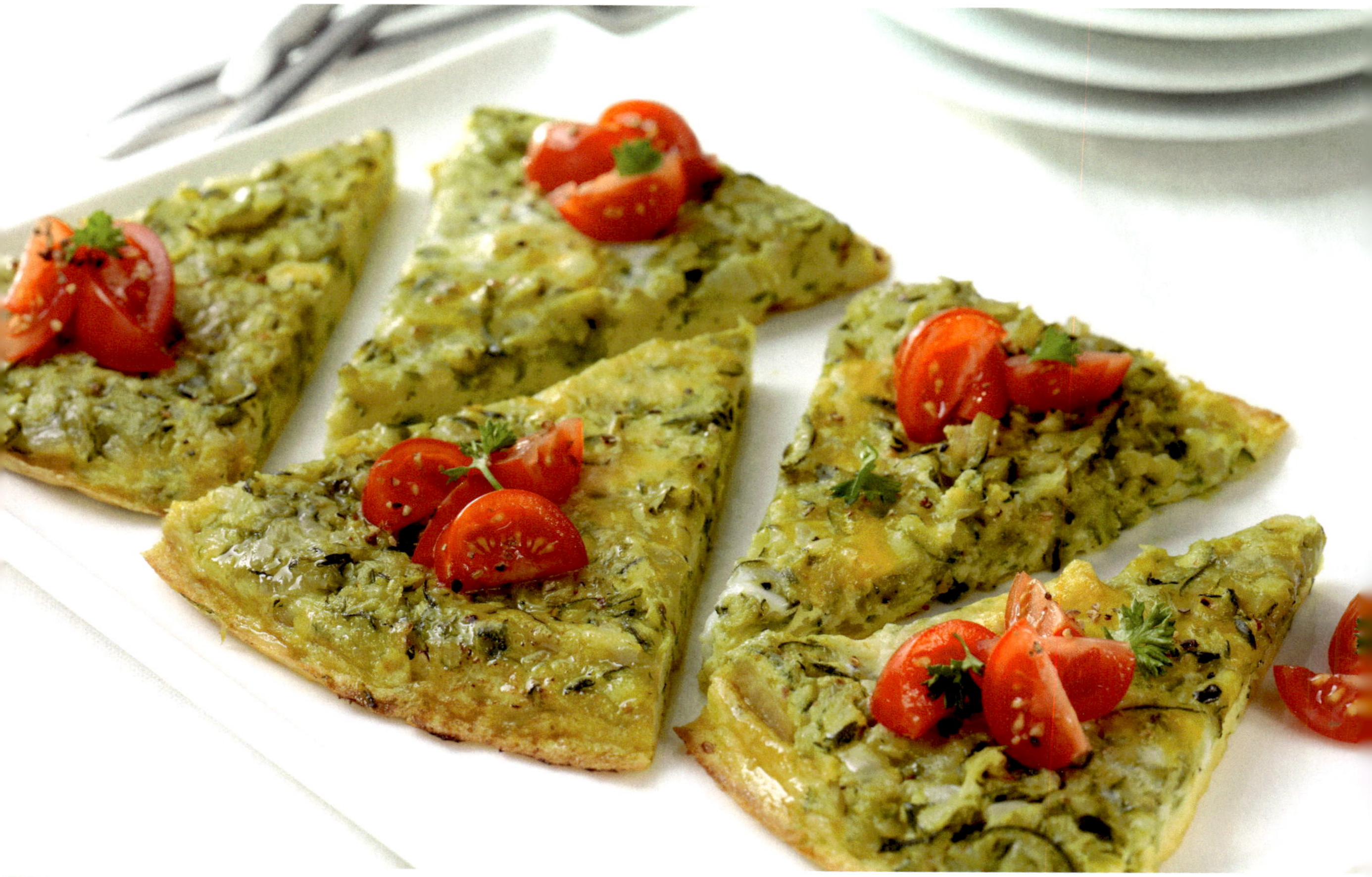

Ravioli-Spinat-Pfanne

Fertig in: 20 Minuten
Davon aktiv: 10 Minuten

Für 4 Personen:
1 Zwiebel
1 Knoblauchzehe
1 TL Pflanzenöl
450 g Blattspinat (TK)
500 g Cocktailtomaten
Salz
Pfeffer
1 Prise geriebene Muskatnuss
400 ml Tomatensaft
500 g Ravioli mit Ricotta und Spinat
(Kühltheke)
2 EL geriebener Parmesan

 1944 kJ
465 kcal

1. Zwiebel schälen und würfeln, Knoblauch pressen. Öl in einer großen Pfanne erhitzen und Zwiebelwürfel mit Knoblauch darin glasig andünsten. Gefrorenen Spinat zugeben und zugedeckt ca. 10 Minuten auftauen lassen, dabei zwischendurch umrühren. Tomaten waschen und halbieren.

2. Spinat mit Salz, Pfeffer und Muskatnuss würzen. Mit Tomatensaft ablöschen und aufkochen. Ravioli und Tomatenhälften zugeben und ca. 8 Minuten in der Sauce erwärmen. Ravioli-Spinat-Pfanne mit Salz und Pfeffer abschmecken und mit Parmesan bestreut servieren.

Tortilla mit Zucchini und Tomaten

Fertig in: 25 Minuten
Davon aktiv: 15 Minuten

Für 6 Stücke:
400 g Zucchini
1 Zwiebel
2 TL Pflanzenöl
Salz
Pfeffer
5 Eier
6 Cocktailtomaten
einige Blätter Petersilie

 464 kJ
111 kcal

1. Zucchini waschen und grob raspeln. Zwiebel schälen und in Würfel schneiden. Öl in einer Pfanne erhitzen und Zucchiniraspel mit Zwiebelwürfeln darin ca. 1–2 Minuten braten. Mit Salz und Pfeffer würzen.

2. Eier verquirlen und zur Zucchinimasse gießen. Bei mittlerer Hitze ca. 8 Minuten stocken lassen. Tortilla wenden und weitere ca. 5 Minuten braten. Tortilla in 6 Stücke schneiden.

3. Tomaten waschen und achteln. Petersilie waschen und trocken schütteln. Tortilla mit Tomatenachteln und Petersilie garniert servieren.

Schnelle Reis-Gemüse-Pfanne

Fertig in: 25 Minuten
Davon aktiv: 10 Minuten

Für 4 Personen:

2 TL Pflanzenöl
1 kg Kaisergemüse (TK)
180 g trockener 10-Minuten-Reis
300 ml Gemüsesaft
150 ml Gemüsebrühe
(1/2 TL Instantpulver)
Kräutersalz
Pfeffer
1/2 TL gehackter Oregano
1 EL Schnittlauchringe

pro Person
5 ProPoints Wert | 1166 kJ
279 kcal

1. Öl in einer großen Pfanne erhitzen und gefrorenes Kaisergemüse darin ca. 5 Minuten andünsten. Reis untermischen, mit Gemüsesaft und Brühe ablöschen und zugedeckt ca. 10–15 Minuten garen, dabei regelmäßig umrühren.

2. Reis-Gemüse-Pfanne mit Kräutersalz, Pfeffer und Oregano würzen und mit Schnittlauchringen bestreut servieren.

Zucchini-Spirelli-Frittata

Fertig in: 40 Minuten
Davon aktiv: 20 Minuten

Für 2 Personen:

80 g trockene Spirelli
Salz
3 Zucchini (à 200 g)
1 Bund Frühlingszwiebeln
2 TL Pflanzenöl
2 EL Schnittlauchringe
Pfeffer
4 Eier
150 ml fettarme Milch

pro Person
10 ProPoints Wert | 1996 kJ
477 kcal

1. Nudeln nach Packungsanweisung in Salzwasser garen und abgießen. Zucchini waschen und in dünne Scheiben schneiden. Frühlingszwiebeln waschen und in Ringe schneiden.

2. Öl in einer Pfanne erhitzen, Zucchinischeiben, Frühlingszwiebelringe und 1 Esslöffel Schnittlauchringe darin ca. 5 Minuten anbraten. Mit Salz und Pfeffer würzen. Nudeln zufügen und weitere ca. 5 Minuten anbraten.

3. Eier mit Milch verquirlen und mit Salz und Pfeffer abschmecken. Eiermilch in die Pfanne geben und zugedeckt bei geringer Hitze ca. 15 Minuten stocken lassen. Mit restlichem Schnittlauch bestreuen und servieren.

Blumenkohlcurry mit roten Linsen

Fertig in: 35 Minuten
Davon aktiv: 20 Minuten

Für 4 Personen:
1 großer Blumenkohl (ca. 1,2 kg)
1 Stück Ingwer (ca. 2 cm)
2 TL Pflanzenöl
1 TL rote Currypaste
2 Kaffir-Limettenblätter
(ersatzweise 1/2 TL Limettenschale)
100 ml Kokosmilch
400 ml Gemüsebrühe
(2 TL Instantpulver)
1/2 TL Kardamom
2 EL gehacktes Thai-Basilikum
100 g trockene rote Linsen
160 g trockener Basmatireis
Salz
2 EL Sojasauce

1. Blumenkohl waschen und in kleine Röschen teilen. Ingwer schälen und fein hacken. Öl in einer Pfanne erhitzen und Currypaste mit Ingwer darin ca. 1 Minute andünsten. Blumenkohlröschen zugeben und ca. 2 Minuten anbraten.

2. Kaffir-Limettenblätter waschen und trocken schütteln. Curry mit Kokosmilch und Brühe ablöschen. Mit Kardamom, Thai-Basilikum und Kaffir-Limettenblättern würzen und aufkochen. Linsen zugeben und ca. 10–12 Minuten garen. Reis nach Packungsanweisung in Salzwasser garen.

3. Limettenblätter entfernen. Blumenkohlcurry mit Sojasauce verfeinern. Blumenkohlcurry mit Reis, nach Wunsch mit Kräutern garniert, servieren.

pro Person **7** 1558 kJ / 373 kcal

Mediterranes Ratatouille

Fertig in: 45 Minuten
Davon aktiv: 25 Minuten

Für 4 Personen:
2 Zwiebeln
4 Tomaten
1 kleine Aubergine (ca. 300 g)
je 1 gelbe und grüne Paprika
200 g Sellerie
2 Karotten
1 EL Olivenöl
2 Knoblauchzehen
Salz, Pfeffer
je 1 TL gehackter Estragon, Thymian
200 ml Gemüsebrühe
(1 TL Instantpulver)
400 g passierte Tomaten (Konserve)
1 Prise Chilipulver

1. Zwiebeln schälen und in Streifen schneiden. Tomaten, Aubergine und Paprika waschen. Tomaten in Stücke schneiden. Paprika entkernen und mit Aubergine würfeln. Sellerie und Karotten schälen. Sellerie würfeln und Karotten in Scheiben schneiden.

2. Öl in einem Topf erhitzen. Knoblauch dazupressen und mit Zwiebelstreifen, Selleriewürfeln und Karottenscheiben zugedeckt ca. 5 Minuten dünsten. Auberginen- und Paprikawürfel mit Tomatenstücken zugeben. Mit Salz, Pfeffer, Estragon und Thymian würzen und weitere ca. 5 Minuten zugedeckt dünsten. Mit Brühe und passierten Tomaten ablöschen und ca. 10–15 Minuten ohne Deckel garen. Ratatouille mit Salz, Pfeffer und Chilipulver würzen und servieren.

pro Person **1** 635 kJ / 151 kcal

Kartoffeln

Tolle Knollen. Ob in der Hauptrolle oder als schmackhafte Beilage – schlichte Puffer mit Apfelmus sind genauso beliebt wie selbst gemachte Klöße zum Sauerbraten.

Kartoffelsorten

Kartoffeln sind reich an Kohlenhydraten, Vitaminen und wichtigen Mineralstoffen. Die abwechslungsreichen Sattmacher gibt es in vielen Sorten – für jedes Rezept die perfekte Kartoffel.

Kartoffeln werden nach verschiedenen Kochtypen (festkochend, vorwiegend festkochend und mehligkochend), nach Erntezeit (Früh- und Spätkartoffeln) und nach Kartoffelsorten unterschieden.

Damit Kartoffeln das ganze Jahr über verfügbar sind, wurden unterschiedliche Kartoffelsorten gezüchtet. Die ersten Frühkartoffeln werden je nach Region ab Mai geerntet. Sie haben eine feine Schale und einen hohen Wassergehalt. Frühkartoffeln lassen sich nicht lange lagern. Mittelspäte Kartoffeln werden ab August geerntet. Sie sind schon wesentlich aromatischer als die Frühkartoffeln. Für die Einlagerung im Winter eignen sich Spätkartoffeln, die bis Ende Oktober geerntet werden.

Festkochende Kartoffeln besitzen einen niedrigen Stärkegehalt, der an einem leicht glasigen Aussehen nach dem Kochen erkennbar ist. Diese Sorte eignet sich gut zur Zubereitung von Brat-, Salz- und Pellkartoffeln sowie Salaten.

Drillinge sind besonders kleine Kartoffeln. Sie haben einen Durchmesser von ca. 25 bis 40 mm. Wegen ihrer kleinen Form werden Drillinge meist unzerteilt serviert. Durch ihre hohe Kochfestigkeit eignen sie sich gut für Pell-, Röst- und Ofenkartoffeln sowie für Salate.

Rote Kartoffeln sind unter der Schale fast weiß. Diese Sorten eignen sich für die Zubereitung von Salaten, Pell- und Bratkartoffeln. Auch in Gratins und Suppen schmecken sie köstlich. Am besten erhältlich sind rotschalige Kartoffeln der Sorte „Laura".

Mehligkochende Kartoffeln besitzen einen hohen Stärkeanteil. Sie zerfallen nach dem Kochen sehr leicht. Diese Sorten sind ideal für Pürees und Speisen aus Kartoffelteig wie z. B. Kroketten, Gnocchi und Klöße.

Süßkartoffeln werden hauptsächlich in China angebaut und sind auch als Bataten bekannt. Mit unseren Kartoffeln sind sie eigentlich nur entfernt verwandt. Süßkartoffeln verfügen über einen hohen Zuckergehalt und eignen sich gut zum Backen, Frittieren und Braten.

Bamberger Hörnchen ist eine sehr alte, immer noch beliebte fränkische Kartoffelsorte. Sie ist festkochend, klein und hat eine längliche, gekrümmte Form. Ihr Aroma ist leicht erdig und nussig. Diese Sorte schmeckt besonders gut in Kartoffelsalaten.

Lila Trüffel-Kartoffeln haben eine dunkelbraune, dicke Schale und ein violett-weiß marmoriertes Fleisch. Neben dem leicht nussigen Geschmack zeichnen sie sich durch ihr außergewöhnliches Aussehen aus. Sie eignen sich besonders für die Zubereitung von Salzkartoffeln. Damit ihre kräftige Farbe erhalten bleibt, sollten sie besser gedämpft als gekocht werden.

Festkochende Kartoffeln

Mehligkochende Kartoffeln

Drillinge

Süßkartoffeln

Bamberger Hörnchen

Rote Kartoffeln

Lila Trüffel-Kartoffeln

Kartoffel-Variationen

Kartoffelpuffer

Fertig in: 50 Minuten
Davon aktiv: 40 Minuten

  6 ProPoints Wert pro Person | 1007 kJ
241 kcal

Für 4 Personen:
800 g festkochende Kartoffeln raspeln und ausdrücken.
1 Zwiebel würfeln und mit Kartoffelraspeln, 1 Ei und
2 Esslöffeln Mehl vermischen. Mit Salz, Pfeffer und
1 Prise geriebener Muskatnuss würzen. 4 Teelöffel Öl
portionsweise in einer Pfanne erhitzen und Kartoffelteig mit einem Esslöffel hineingeben, Puffer nacheinander abbacken, dabei von jeder Seite ca. 3–4 Minuten
braten.

Kartoffelwedges

Fertig in: 50 Minuten
Davon aktiv: 15 Minuten

  4 ProPoints Wert pro Person | 640 kJ
153 kcal

Für 4 Personen:
800 g Kartoffeln in dünne Spalten schneiden und mit
1 Teelöffel Olivenöl, 1 Teelöffel Paprikapulver, Salz und
Pfeffer vermischen. Auf ein mit Backpapier ausgelegtes
Backblech legen und im vorgeheizten Backofen bei
180° C (Gas: Stufe 2, Umluft: 160° C) auf mittlerer Schiene
ca. 30–35 Minuten backen. Dabei gelegentlich wenden.
Mit Currypulver bestäuben.

Die Kartoffelwedges einzeln
auf das Backblech legen.

Kartoffelgratin

Fertig in: 65 Minuten
Davon aktiv: 20 Minuten

 961 kJ
230 kcal
pro Person 6 ProPoints Wert

Die Kartoffeln gleichmäßig in die Form schichten.

Für 4 Personen:

Backofen auf 180° C (Gas: Stufe 2, Umluft: 160° C) vorheizen. 600 g festkochende Kartoffeln schälen und in dünne Scheiben schneiden oder hobeln. Für die Sauce 100 g Schmand mit 100 ml fettarmer Milch verrühren und mit Salz, Pfeffer und geriebener Muskatnuss würzen. Kartoffelscheiben fächerförmig in eine Auflaufform (ca. 18 x 28 cm) schichten, dabei jede Schicht mit etwas Sauce begießen und mit Sauce abschließen. Gratin mit 70 g geriebenem Käse, 30 % Fett i. Tr., bestreuen. Im Backofen auf mittlerer Schiene ca. 45 Minuten backen und servieren.

Bratkartoffeln

Fertig in: 35 Minuten
Davon aktiv: 20 Minuten

 828 kJ
198 kcal
pro Person 5 ProPoints Wert

Für 4 Personen:

800 g festkochende Kartoffeln in Scheiben und 1 Zwiebel in Ringe schneiden. 2 Teelöffel Öl in einer Pfanne erhitzen und 100 g magere Schinkenwürfel mit Zwiebelwürfeln darin ca. 2 Minuten andünsten. Kartoffelscheiben dazugeben und unter regelmäßigem Wenden ca. 15 Minuten darin knusprig braten. Mit Salz und Pfeffer würzen.

Variante: Bauernfrühstück

2 Esslöffel Frühlingszwiebelringe, 100 g Gewürzgurkenscheiben und 100 g Tomatenwürfel mit Kartoffelscheiben und Schinkenwürfeln braten. 2 Eier mit 50 ml kohlensäurehaltigem Mineralwasser verquirlen, hinzufügen und stocken lassen. Mit Salz und Pfeffer würzen. Der *ProPoints*® Wert pro Person erhöht sich auf 6.

Kartoffelklöße mit Pilzsauce

Fertig in: 75 Minuten
Davon aktiv: 40 Minuten

Für 4 Personen:
1 kg mehligkochende Kartoffeln
Salz
1 Ei
70 g Kartoffelstärke
3 EL Mehl
1 Prise geriebene Muskatnuss
800 g grüne Bohnen (frisch oder TK)
1 TL getrocknetes Bohnenkraut
1 Zwiebel
500 g Champignons
1 TL Pflanzenöl
125 ml Gemüsebrühe
(1/2 TL Instantpulver)
100 g Cremefine wie Crème fraîche
Pfeffer
2 EL gehackte Petersilie

pro Person
9 ProPoints Wert   1807 kJ
432 kcal

1. Kartoffeln schälen und 650 g in Salzwasser ca. 25 Minuten garen. Abgießen, ausdampfen lassen und durch eine Kartoffelpresse drücken. Restliche rohe Kartoffeln fein reiben, in einem Sieb abtropfen lassen und trocken tupfen.

2. Rohe und gegarte Kartoffeln mit Ei, Kartoffelstärke, Mehl, 1 Teelöffel Salz und Muskatnuss vermengen und zu Klößen formen. Klöße in siedendem Salzwasser ca. 25–30 Minuten gar ziehen lassen, bis sie an der Wasseroberfläche schwimmen.

3. Bohnen waschen und mit Bohnenkraut in Salzwasser ca. 15 Minuten zugedeckt garen. Zwiebel schälen und würfeln. Champignons trocken abreiben und in Scheiben schneiden.

4. Öl in einer Pfanne erhitzen und Zwiebelwürfel darin ca. 1 Minute glasig dünsten. Champignonscheiben zufügen, weitere ca. 3 Minuten dünsten und mit Brühe ablöschen. Cremefine dazugeben und ca. 2 Minuten einkochen lassen. Mit Salz und Pfeffer würzen und Petersilie unterrühren.

5. Bohnen abgießen, salzen und pfeffern. Klöße mit einer Schaumkelle herausheben, abtropfen lassen und mit Pilzsauce, grünen Bohnen und nach Wunsch mit Petersilie bestreut servieren.

Nordsee-Kartoffel-Salat

Fertig in: 90 Minuten
Davon aktiv: 35 Minuten

Für 4 Personen:
600 g festkochende Kartoffeln
Salz
2 Eier
600 g Zucchini
1 Römersalatherz
150 g Nordseekrabben
1/2 Zitrone
150 g fettarmer Joghurt
100 ml Buttermilch
2–3 EL heller Balsamicoessig
1 EL gehackter Dill
Pfeffer
1 EL gehackte Kürbiskerne

pro Person
6 ProPoints Wert | 1124 kJ
269 kcal

1. Kartoffeln waschen und mit Schale in Salzwasser ca. 20 Minuten garen. Eier in kochendem Wasser ca. 10 Minuten hart kochen. Zucchini waschen, längs halbieren und in Scheiben schneiden. Römersalat waschen, trocken schleudern und in mundgerechte Stücke zerteilen.

2. Eier abschrecken, pellen und grob hacken. Kartoffeln abgießen, pellen und in Scheiben schneiden. Kartoffelscheiben mit Ei, Zucchinischeiben, Salat und Krabben mischen.

3. Für das Dressing Zitronenhälfte auspressen. Joghurt und Buttermilch mit Zitronensaft, Essig und Dill verrühren. Mit Salz und Pfeffer abschmecken und unter den Salat mischen. Kartoffelsalat ca. 1 Stunde ziehen lassen, mit Salz und Pfeffer abschmecken und mit Kürbiskernen bestreut servieren.

Kartoffel-Lachs-Suppe

Fertig in: 45 Minuten
Davon aktiv: 20 Minuten

Für 2 Personen:
300 g mehligkochende Kartoffeln
1 Schalotte
1 TL Pflanzenöl
1 TL frisch geriebener Meerrettich
(ersatzweise Glas)
500 ml Gemüsebrühe
(2 TL Instantpulver)
125 g Lachsfilet (frisch oder TK)
50 ml Weißwein
1 EL Schmand
Salz
Pfeffer
1 TL gehackte Petersilie

pro Person
8 ProPoints Wert | 1308 kJ
313 kcal

1. Kartoffeln und Schalotte schälen und würfeln. Öl in einem Topf erhitzen, Kartoffel- und Schalottenwürfel mit Meerrettich darin ca. 3 Minuten andünsten. Mit Brühe ablöschen und ca. 20 Minuten garen.

2. Lachsfilet gegebenenfalls auftauen, abspülen, trocken tupfen und in Würfel schneiden. Kartoffelsuppe pürieren und mit Weißwein verfeinern. Lachswürfel zugeben und ca. 10 Minuten gar ziehen lassen. Suppe mit Schmand verfeinern, mit Salz und Pfeffer abschmecken und mit Petersilie bestreut servieren.

Kartoffelplätzchen mit Tomatensauce

Fertig in: 75 Minuten
Davon aktiv: 45 Minuten

Für 4 Personen:
800 g mehligkochende Kartoffeln
1 Frühlingszwiebel
1 Ei
1 EL Mehl
1 EL zarte Haferflocken
Salz, Pfeffer
1/2 TL geriebene Muskatnuss
1 Zwiebel
2 große Zucchini (à 500 g)
6 TL Pflanzenöl
1/2 TL gehackter Rosmarin
1/2 TL gehackter Thymian
500 g stückige Tomaten (Konserve)
1 Prise Zucker
100 g Schafskäse light

pro Person
8 ProPoints Wert | 1503 kJ
360 kcal

1. Kartoffeln schälen, grob reiben und ausdrücken. Frühlingszwiebel waschen und in feine Ringe schneiden. Geriebene Kartoffeln mit Frühlingszwiebelringen, Ei, Mehl und Haferflocken vermengen. Mit Salz, Pfeffer und Muskatnuss würzen. Masse zu 12 kleinen runden Plätzchen formen.

2. Zwiebel schälen und würfeln. Zucchini waschen und in Würfel schneiden. 1 Teelöffel Öl in einer Pfanne erhitzen und Zwiebelwürfel darin ca. 1 Minute glasig dünsten. Rosmarin, Thymian und Zucchiniwürfel zufügen und ca. 5 Minuten mitdünsten. Mit Tomaten ablöschen und mit Salz, Pfeffer und Zucker würzen. Schafskäse würfeln und die Sauce damit bestreuen. Restliches Öl portionsweise in einer Pfanne erhitzen und Kartoffelplätzchen nacheinander abbacken, dabei von jeder Seite ca. 5–10 Minuten braten. Kartoffelplätzchen mit Zucchini-Tomaten-Sauce servieren.

Kartoffelauflauf mit Tatar

Fertig in: 60 Minuten
Davon aktiv: 30 Minuten

Für 2 Personen:
250 g festkochende Kartoffeln
Salz, Pfeffer
500 g Kaisergemüse (TK)
1 Zwiebel
2 TL Pflanzenöl
200 g Tatar
1 EL Tomatenmark
1 Ei
2 EL Schmand
5 EL Gemüsebrühe
(2 Prisen Instantpulver)
200 ml fettarme Milch
1 EL Mehl
1 Prise geriebene Muskatnuss
3 EL geriebener Käse, 30 % Fett i. Tr.

pro Person
11 ProPoints Wert | 2149 kJ
514 kcal

1. Kartoffeln schälen, in Scheiben schneiden und in Salzwasser ca. 5 Minuten garen. Gefrorenes Gemüse zufügen, weitere ca. 5 Minuten mitkochen und abgießen. Zwiebel schälen und in Würfel schneiden. Backofen auf 200° C (Gas: Stufe 3, Umluft: 180° C) vorheizen.

2. Öl in einer Pfanne erhitzen und Tatar mit Zwiebelwürfeln darin krümelig anbraten. Tomatenmark zufügen und mit Salz und Pfeffer würzen. Tatarmasse mit Gemüse und Kartoffelscheiben in eine Auflaufform (ca. 23 x 23 cm) geben.

3. Ei mit Schmand, Brühe, Milch und Mehl verrühren. Mit Salz, Pfeffer und Muskatnuss würzen. Auflauf mit Sauce übergießen und mit Käse bestreuen. Im Backofen auf mittlerer Schiene ca. 25–30 Minuten überbacken und Kartoffelauflauf servieren.

Kartoffel-Kürbis-Curry

Fertig in: 35 Minuten
Davon aktiv: 15 Minuten

Für 1 Person:
200 g festkochende Kartoffeln
200 g Hokkaidokürbis
1 kleine Zwiebel
1 TL Olivenöl
1 TL Currypulver
200 ml Gemüsebrühe
(1 TL Instantpulver)
Salz
Pfeffer
1 Prise Kreuzkümmel
50 g Magermilchjoghurt
1/2 TL gehackter Koriander

pro Person
6 ProPoints Wert | 988 kJ
236 kcal

1. Kartoffeln schälen, Kürbis waschen, Kerne mit einem Löffel entfernen und mit Kartoffeln in Würfel schneiden. Zwiebel schälen und in Ringe schneiden.

2. Öl in einer Pfanne erhitzen und Kartoffel-, Kürbiswürfel, Zwiebelringe und Currypulver darin ca. 3 Minuten anschwitzen. Mit Brühe ablöschen und zugedeckt ca. 20 Minuten garen.

3. Kartoffel-Kürbis-Curry mit Salz, Pfeffer und Kreuzkümmel würzen, mit Joghurt verfeinern und mit Koriander garniert servieren.

Kartoffelspieße mit Kräuterdip

Fertig in: 30 Minuten
Davon aktiv: 15 Minuten

Für 1 Person:
150 g Drillinge (kleine Kartoffeln)
Salz
1 rote Paprika
1 Zucchini
1 TL Pflanzenöl
Pfeffer
1/2 TL Paprikapulver
3 Zweige Thymian
125 g Magermilchjoghurt
1 TL gemischte gehackte Kräuter
1 TL Zucker

pro Person
7 ProPoints Wert | 1111 kJ
265 kcal

1. Drillinge waschen und mit Schale in Salzwasser ca. 10 Minuten vorgaren. Backofen auf 200° C (Gas: Stufe 3, Umluft: 180° C) vorheizen. Paprika und Zucchini waschen. Paprika entkernen, Zucchini längs halbieren und zusammen in Stücke schneiden. Mit Drillingen auf Holzspieße stecken.

2. Spieße auf ein mit Backpapier ausgelegtes Backblech legen. Öl mit Salz, Pfeffer und Paprikapulver würzen und die Gemüsespieße damit bestreichen. Thymian waschen, trocken schütteln, Blätter abzupfen und Spieße damit bestreuen.

3. Spieße im Backofen auf mittlerer Schiene ca. 20 Minuten backen. Für den Dip Joghurt mit Kräutern, Salz und Pfeffer verrühren und mit Zucker verfeinern. Kartoffelspieße mit Kräuterdip servieren.

Statt Hokkaidokürbis ...

... können Sie auch 200 g Blumenkohlröschen verwenden. Der *ProPoints*® Wert pro Person ändert sich nicht.

Nudeln, Reis & Co.

Beliebt in aller Welt. Von italienischer Lasagne über spanische Reisbällchen bis hin zu orientalischer Couscous-Lamm-Pfanne.

Nudelsorten

Nudel ist nicht gleich Nudel – die beliebten Teigwaren bestehen aus verschiedenen Getreidesorten und werden in den unterschiedlichsten Formen angeboten. Die klassische italienische Nudel besteht nur aus Hartweizengrieß, Salz und Wasser. Der Teig von Eiernudeln enthält – wie der Name bereits verrät – außerdem Eier, die ihnen die goldgelbe Farbe verleihen.

Farfalle ist das italienische Wort für Schmetterling und Namensgeber für die Nudel, die in ihrer Form an ihn erinnert. Die Falten der Nudel können viel Sauce aufnehmen. Außerdem ergeben die Schleifennudeln in Salaten oder als Suppeneinlage auf dem Teller ein schönes Bild.

Cannelloni sind dicke Röhrennudeln aus Hartweizen. Sie werden gefüllt und im Backofen mit Käse überbacken. Handelsübliche Cannelloni lassen sich leicht füllen, da sie nicht vorgekocht werden müssen.

Mie-Nudeln sind südostasiatische Weizennudeln und werden dort zu vielen Wokgerichten serviert. Die japanische Variante heißt Ramen und wird oft als Suppeneinlage gegessen. Mie-Nudeln werden in Blöcken angeboten.

Lasagne sind dünne Platten aus Nudelteig. Klassisch werden sie abwechselnd mit Bolognesesauce in eine Auflaufform geschichtet und mit Béchamelsauce und Käse überbacken. Während die Lasagneplatten dazu früher in Wasser vorgegart werden mussten, garen sie heutzutage langsam in der Sauce.

Spirelli werden auch Spiralnudeln genannt. Durch ihre gedrehte Form nehmen sie besonders viel Sauce auf. Diese Sorte passt besonders gut zu Gulasch- und Ragoutgerichten, außerdem wird sie gerne für Nudelsalate verwendet.

Glasnudeln bestehen aus Stärke von Reis, Sojabohnen, Weizen oder Kartoffeln. Die Nudeln lassen sich schnell zubereiten, denn sie müssen nur wenige Minuten in heißem Wasser quellen. Optisch ähneln sie den Reisnudeln, die aus Reismehl hergestellt werden.

Farfalle

Lasagne

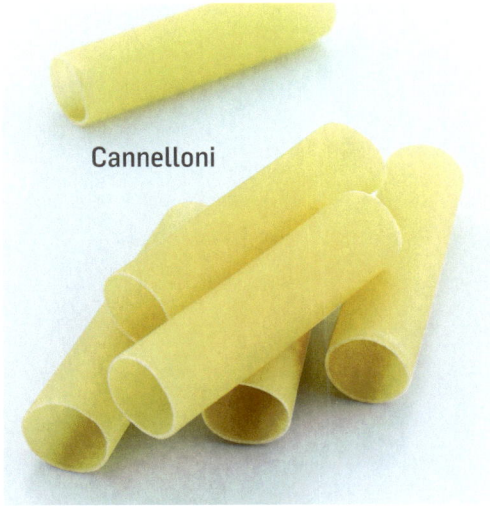

Cannelloni

Spirelli

Mie-Nudeln

Glasnudeln

Reis- & Getreidesorten

Getreide enthalten wenig Fett und Eiweiß, dafür aber viele Kohlenhydrate. Der Nährstoffgehalt hängt vom Verarbeitungsgrad der Körner ab und ist bei Naturreis besonders hoch. Die gesunden Körner schmecken als Beilage zu beinahe jedem Gericht – egal ob mit Fleisch, Fisch oder Gemüse.

Zartweizen zeichnet sich durch seinen hohen Ballaststoffgehalt und die Vielzahl an Mineralstoffen wie Kalium, Calcium und Niacin aus. Die enthaltenen Ballaststoffe wirken sich positiv auf die Verdauung aus.

Wildreis ist im eigentlichen Sinne kein Reis. Die dunkelbraun bis schwarz gefärbten Körner sind Samen einer Wassergraspflanze und schmecken angenehm nussig. Sie werden oft in Mischungen mit hellen Reissorten angeboten, was ein besonders schönes optisches Bild ergibt.

Couscous ist ein Getreideerzeugnis, das meist aus Hartweizen, selten auch aus Gerste oder Hirse hergestellt wird. Er stammt ursprünglich aus der nordafrikanischen Küche und ist genauso vielfältig einsetzbar wie Bulgur.

Der in der arabischen Küche beheimatete goldgelbe **Bulgur** wird aus vorgekochtem Hartweizen hergestellt. Er besitzt ein intensives und leicht nussiges Aroma. Nach dem Trocknen werden die Körner von der Kleie befreit und anschließend zerkleinert. Bulgur eignet sich pur als Beilage und als Grundlage für Pfannengerichte, schmeckt aber auch gut als Salat.

Hirse ist eine der ältesten Getreidesorten und gehört zur Familie der Süßgräser. Das meist in Form von geschälter Goldhirse angebotene Getreide liefert viel Phosphor, Magnesium, Eisen und Kalium und passt optimal in eine glutenfreie Ernährung.

Eine Besonderheit unter den weißen Reissorten stellt **Klebreis** dar. Durch seinen hohen Stärkegehalt verkleben die Körner beim Kochen vollständig und bilden eine relativ feste Konsistenz. Er kann als Süßspeise zubereitet oder als einfache Beilage zu asiatischen Gerichten serviert werden.

Zartweizen

Hirse

Wildreis

Bulgur

Couscous

Klebreis

Nudeln, Reis & Co. richtig zubereiten

Nudeln

Nudeln müssen schwimmen – verwenden Sie daher zum Nudelkochen immer einen großen Topf. Pro 100 g Nudeln sollten Sie 1 Liter Wasser und 1 Teelöffel Salz verwenden. Geben Sie die Teigwaren direkt ins kochende Wasser und rühren Sie sie gelegentlich um. Garen Sie die Nudeln ohne Deckel. So verhindern Sie, dass das Nudelwasser überkocht.

Die Kochzeiten richten sich nach Größe und Art der Nudeln und sind in der Regel auf der Verpackung angegeben. Probieren Sie die Nudeln schon kurz vor Ende der empfohlenen Garzeit, damit sie nicht zu weich werden. Nudeln schmecken am besten, wenn sie „al dente", also bissfest sind.

Schütten Sie die fertig gekochten Nudeln zum Abtropfen in ein Sieb. Sie sollten sie nicht kalt abschrecken, damit die Sauce besser haften bleibt und Sie die Pasta heiß servieren können. Das Abschrecken der Nudeln empfiehlt sich nur bei der weiteren Verwendung in Salaten oder Aufläufen, wenn Sie verhindern möchten, dass die Nudeln nachgaren und weich werden.

Zudem sollten Sie Pasta direkt nach dem Kochen mit der Sauce mischen, damit sie nicht verkleben. Sollten die Nudeln mal schneller fertig sein als die Sauce oder Sie noch Nudeln vom Vortag übrig haben, erwärmen Sie diese am besten direkt in der Sauce. Bei Bedarf strecken Sie die Sauce einfach mit etwas Gemüsebrühe.

Reis

Für die Zubereitung von Reis gibt es drei verschiedene Methoden:

Quellverfahren:
Reis mit Wasser im Verhältnis 1:2 in einen Topf geben, aufkochen und auf kleiner Hitze unter gelegentlichem Rühren solange quellen lassen, bis das Wasser komplett aufgesogen ist.

Kochverfahren:
Reis wird in kochendes Wasser gegeben und nach ca. 15 Minuten abgegossen. Besonders die Kochbeutelvariante ist sehr bequem. Bei diesem Verfahren verliert der Reis aber die meisten Nährstoffe. Wenn es einmal schnell gehen muss, bietet sich der Schnellkochreis an. Die weiße Express-Variante benötigt je nach Hersteller nur 5–10 Minuten Garzeit, da sie bereits vorgekocht ist. Wichtig ist, dass Sie den Reis vor dem Kochen unter kaltem Wasser abspülen. Ausgenommen sind Kochbeutelreis und Reissorten, die laut Packungsanweisung nicht gewaschen werden müssen.

Dämpfverfahren:
Reis wird in einem Dämpfeinsatz in einen Topf mit kochendem Wasser gesetzt. Dieses Verfahren ist besonders schonend, dauert allerdings länger als die anderen Verfahren. Es eignet sich besonders für Jasminreis.

Übrigens ...
... sollten Sie kein Öl ins Kochwasser geben. So sparen Sie Fett, und die Sauce haftet später sogar besser an den Nudeln.

Couscous

Die Zubereitung von Couscous ist leicht und zeit-sparend: Das Getreideerzeugnis wird in einem Auf-satz über Wasser oder Gemüsebrühe gedämpft. Durch verschiedene Zutaten im Wasser kann der sonst recht neutrale Geschmack von Couscous beeinflusst werden. Geben Sie dazu verschiedene Kräuter und Gewürze mit ins Kochwasser. Damit der Couscous locker und nicht klebrig wird, sollte er ab und zu aufgelockert werden.

Alternativ können Sie auch Instant-Couscous ver-wenden, der sich durch eine sehr kurze Garzeit auszeichnet. Er muss nur kurz in heißer Gemüse-brühe oder Wasser quellen. Beachten Sie dazu die Angaben auf der Packung.

Bulgur

Bulgur lässt sich am einfachsten durch die Quell-methode zubereiten. Getreide und Wasser oder Gemüsebrühe werden dabei im Verhältnis 1:2 abgemessen. Die Flüssigkeit wird in einem abge-deckten Topf zum Kochen gebracht und das Getreide eingestreut.

Lassen Sie den Bulgur solange köcheln, bis die Flüssigkeit vollständig aufgesogen ist, in der Regel dauert dies ca. 10 Minuten. Der Bulgur ist perfekt, wenn die Körner bissfest sind und locker aufeinander liegen.

Nudelteig Grundrezept

Fertig in: 95 Minuten
Davon aktiv: 30 Minuten

 862 kJ
206 kcal

Für 4 Personen:
130 g Mehl mit 100 g Hartweizengrieß und 1/2 TL Salz
vermengen. 115 ml Wasser zugeben und zu einem
glatten Teig verkneten. Teigkugel in Frischhaltefolie
wickeln und ca. 1 Stunde im Kühlschrank ruhen lassen.
Arbeitsfläche mit 20 g Mehl bestäuben. Teig darauf
dünn ausrollen und in schmale Streifen schneiden.
Nudeln ca. 3–5 Minuten in Salzwasser garen und
abgießen.

Ravioli mit Tatar-Spinat-Füllung

Fertig in: 35 Minuten
Davon aktiv: 20 Minuten

 1270 kJ
303 kcal

Für 4 Personen:
Nudelteig nach Grundrezept zubereiten, dünn zu einem
Viereck (ca. 25 x 25 cm) ausrollen und halbieren. 2 TL Öl
in einer Pfanne erhitzen, 150 g Tatar mit 1 Zwiebel und
1 Chilischote in Würfeln darin ca. 5 Minuten krümelig
braten. 100 g Frischkäse, bis 1 % Fett absolut, und 250 g
Spinat unterheben und mit Salz, Pfeffer und 1/2 TL
Majoran würzen. Füllung in ca. 4 cm großen Abständen
auf einer Teighälfte verteilen. Die Ränder rund um die
Füllung mit Wasser bestreichen und zweite Teighälfte
darüberlegen. Ravioli mit einem Teigrädchen aus-
schneiden, die Ränder mit einer Gabel fest andrücken.
Ravioli in Salzwasser ca. 15 Minuten garen.

Zu selbst gemachter Pasta …

… schmeckt die Kräuter-Tomaten-Sauce von Seite 188
oder die Mangoldsauce von Seite 184. Der *ProPoints*®
Wert pro Person ändert sich nicht.

Cannelloni mit Tunfischfüllung

Fertig in: 70 Minuten
Davon aktiv: 30 Minuten

Für 4 Personen:
2 Dosen Tunfisch, im eigenen Saft
(à 150 g Abtropfgewicht)
300 g Frischkäse, bis 1 % Fett absolut
3 TL Kapern
1 große rote Paprika
Salz
Pfeffer
16 trockene Cannelloni
2 TL Pflanzenöl
500 g passierte Tomaten (Konserve)
1/2 Bund Basilikum
1 Prise Zucker
1 Kugel Mozzarella light

pro Person

862 kJ
416 kcal

1. Backofen auf 180° C (Gas: Stufe 2, Umluft: 160° C) vorheizen. Tunfisch abtropfen lassen und mit Frischkäse und Kapern verrühren. Paprika waschen, entkernen und in sehr feine Würfel schneiden. Mit der Tunfischfüllung verrühren und mit Salz und Pfeffer abschmecken. Tunfischmasse mit einem Spritzbeutel in die Cannelloni füllen und in eine Auflaufform (ca. 20 x 30 cm) legen.

2. Öl in einer Pfanne erhitzen und mit passierten Tomaten ablöschen. Basilikum waschen, trocken schütteln, Blätter abzupfen, hacken und zu der Tomatensauce geben. Mit Salz, Pfeffer und Zucker abschmecken. Tomatensauce über die Cannelloni verteilen.

3. Cannelloni im Backofen auf mittlerer Schiene ca. 20 Minuten garen. Mozzarella in kleine Würfel schneiden und Cannelloni damit bestreuen, danach für weitere ca. 15 Minuten im Backofen garen.

Hirserisotto mit gebratenem Sellerie

Fertig in: 40 Minuten
Davon aktiv: 15 Minuten

Für 2 Personen:

3 Schalotten
2 EL Wasser
120 g trockene Hirse
350 ml Gemüsebrühe
(1 TL Instantpulver)
350 g Sellerie
2 TL Olivenöl
Salz
Pfeffer
1 TL Paprikapulver
1 TL gehackter Rosmarin
1 Fleischtomate
100 g Frischkäse, bis 1 % Fett absolut
2 EL gemischte gehackte Kräuter
1 TL Currypulver

1. Schalotten schälen, würfeln und in Wasser glasig dünsten. Hirse hinzufügen, kurz mitdünsten, mit Brühe ablöschen und ca. 20 Minuten bei kleiner Hitze köcheln lassen.

2. Sellerie schälen, in ca. 2 cm große Würfel schneiden. Öl in einer Pfanne erhitzen, Selleriewürfel darin ca. 10 Minuten braten und mit Salz, Pfeffer, Paprikapulver und Rosmarin würzen.

3. Tomate waschen, in Würfel schneiden und unter das Hirserisotto rühren. Mit Frischkäse und Kräutern verfeinern und mit Salz, Pfeffer und Currypulver abschmecken. Hirserisotto mit Sellerie servieren.

pro Person | 1542 kJ
| 369 kcal

Eine schnelle vegetarische Variante zum Mitnehmen ...

... bietet der **Weight Watchers** Couscoussalat mit Oliven, weißen Bohnen und Paprika.

Lasagne al forno

Fertig in: 75 Minuten
Davon aktiv: 35 Minuten

Für 4 Personen:
1 Zwiebel
4 Karotten
1 **kleiner** Sellerie
2 **Stangen** Lauch
3 **TL** Olivenöl
125 **ml** Gemüsebrühe
(1/2 TL Instantpulver)
500 **g** passierte Tomaten (Konserve)
Salz, Pfeffer
1 **EL** gehackte Petersilie
2 **TL** getrocknete italienische Kräuter
9 trockene Lasagneplatten
160 **g** geriebener Käse, 30 % Fett i. Tr.
100 **g** Cremefine wie Crème fraîche

2061 kJ
493 kcal

1. Backofen auf 180° C (Gas: Stufe 2, Umluft: 160° C) vorheizen. Zwiebel, Karotten und Sellerie schälen und würfeln. Lauch waschen und in Ringe schneiden.

2. 2 Teelöffel Öl in einer Pfanne erhitzen, Zwiebelwürfel darin glasig andünsten. Karotten- und Selleriewürfel mit Lauchringen zugeben und ca. 10 Minuten mitdünsten. Mit Brühe und Tomaten ablöschen, salzen, pfeffern und ca. 10 Minuten köcheln lassen. Mit Petersilie und italienischen Kräutern abschmecken.

3. Auflaufform (ca. 20 x 30 cm) mit restlichem Öl auspinseln. Lasagneplatten, Tomatensauce und Käse abwechselnd in die Auflaufform schichten, dabei mit Käse abschließen. Cremefine darüber verteilen, im Backofen auf mittlerer Schiene ca. 25 Minuten garen und servieren.

Risotto mit Spargel

Fertig in: 60 Minuten
Davon aktiv: 30 Minuten

Für 4 Personen:
1 Zwiebel
2 **TL** Pflanzenöl
280 **g** trockener Risottoreis
200 **ml** Weißwein
750 **ml** heiße Gemüsebrühe
(3 TL Instantpulver)
1 **kg** weißer Spargel
(ersatzweise aus dem Glas)
4 **EL** geriebener Parmesan
100 **g** Frischkäse, bis 1 % Fett absolut
Salz, Pfeffer
2 **EL** gehackte Petersilie

1756 kJ
420 kcal

1. Zwiebel schälen und würfeln. Öl in einem Topf erhitzen und Zwiebelwürfel darin glasig andünsten. Reis zufügen und ca. 1 Minute mitdünsten. Mit Wein ablöschen und unter Rühren einkochen lassen. Mit Brühe aufgießen, bis die Reiskörner knapp bedeckt sind, und bei geringer Hitze ca. 40 Minuten garen, dabei unter Rühren regelmäßig Brühe nachgießen.

2. Spargel schälen und die holzigen Enden abschneiden. Spargel in mundgerechte Stücke schneiden. Die Spargelköpfe zur Seite legen und die restlichen Stücke nach ca. 20 Minuten Garzeit zum Reis geben. Spargelköpfe ca. 5 Minuten vor Ende der Garzeit zufügen.

3. Parmesan und Frischkäse unterheben. Mit Salz und Pfeffer abschmecken und mit Petersilie bestreut servieren.

Reisbällchen mit Paprika und Garnelen

Fertig in: 75 Minuten
Davon aktiv: 30 Minuten

Für 2 Personen:
80 g trockener Sushireis
Salz
2 EL geriebener Parmesan
Pfeffer
1/2 TL Kurkuma
3 TL Sesamöl (ersatzweise Pflanzenöl)
je 1 rote, gelbe und grüne Paprika
200 g Zuckererbsenschoten
400 g stückige Tomaten (Konserve)
1 TL Chiliflocken
1 TL Paprikapulver
1 TL gehackter Koriander
1 Prise Zucker
300 g küchenfertige Garnelen
1 EL Limettensaft

pro Person
9 ProPoints Wert | 2478 kJ
593 kcal

1. Sushireis nach Packungsanweisung in Salzwasser zubereiten. Parmesan unterheben und mit Salz, Pfeffer und Kurkuma würzen. Reis zu 6 Bällchen formen. 2 Teelöffel Öl in einer Pfanne erhitzen und die Reisbällchen darin ca. 5–10 Minuten rundherum braten. Im Backofen bei 60° C warm stellen.

2. Paprika waschen, entkernen und in Streifen schneiden. Zuckererbsenschoten waschen und halbieren. Im Bratensatz Paprikastreifen und Zuckererbsenschotenhälften ca. 5 Minuten anbraten. Mit Tomaten ablöschen, ca. 10 Minuten garen und mit Salz, Pfeffer, Chiliflocken, Paprikapulver, Koriander und Zucker würzen. Gemüse ebenfalls warm stellen.

3. Garnelen abspülen, trocken tupfen und in restlichem Öl ca. 5 Minuten braten. Mit Salz und Pfeffer würzen und mit Limettensaft beträufeln. Reisbällchen, Paprikagemüse und Garnelen servieren.

Tortellinigratin mit Pilzen

Fertig in: 45 Minuten
Davon aktiv: 20 Minuten

Für 4 Personen:
1 Zwiebel
800 g weiße Champignons
2 TL Pflanzenöl
300 g Erbsen (TK)
250 ml fettarme Milch
3 EL Saucenbinder
Salz
Pfeffer
2 TL gehackter Estragon
500 g frische Tortellini mit Ricotta-Spinat-Füllung
85 g geriebener Käse, 30 % Fett i. Tr.

pro Person
11 ProPoints Wert | 1764 kJ
422 kcal

1. Zwiebel schälen und würfeln. Champignons trocken abreiben und in Scheiben schneiden.

2. Öl in einer großen Pfanne erhitzen, Zwiebelwürfel und Champignonscheiben ca. 5 Minuten zugedeckt garen. Erbsen zufügen, Milch angießen und aufkochen. Saucenbinder einrühren und ca. 1 Minute köcheln lassen. Mit Salz, Pfeffer und Estragon würzen.

3. Backofen auf 200° C (Gas: Stufe 3, Umluft: 180° C) vorheizen. Tortellini in eine Auflaufform (ca. 35 x 25 cm) geben und mit der Pilzsauce übergießen. Mit Käse bestreut im Backofen auf mittlerer Schiene ca. 20 Minuten goldbraun backen.

Sushireis ...

... vor dem Garen nicht abspülen, sonst klebt er nicht mehr.

Verfeinern Sie das Gericht ...

... mit einem Topping aus 150 g Magermilchjoghurt,
2 Esslöffeln saurer Sahne, einigen Tropfen Zitronensaft,
Salz, Pfeffer und 2 Esslöffeln gehackter Minze. Der
ProPoints® Wert pro Person erhöht sich auf 11.

Orientalische Couscous-Lamm-Pfanne

Fertig in: 40 Minuten
Davon aktiv: 20 Minuten

Für 2 Personen:
2 Lammfilets (à 120 g)
1 Knoblauchzehe
2 Auberginen (à 300 g)
2 TL Pflanzenöl
Salz, Pfeffer
300 ml Gemüsebrühe
(1 TL Instantpulver)
100 g trockener Couscous
1 TL Kreuzkümmel
1 TL Kardamom
1 EL gehackte Petersilie

1695 kJ
406 kcal

1. Lammfilets trocken tupfen. Knoblauch pressen. Auberginen waschen und in Würfel schneiden. Öl in einer Pfanne erhitzen und Lammfilets mit Knoblauch darin von jeder Seite ca. 2 Minuten scharf anbraten. Salzen, pfeffern und im Backofen bei 60° C warm stellen.

2. Auberginenwürfel im Bratensatz ca. 5–10 Minuten anbraten und mit Brühe aufgießen. Couscous einrühren und ca. 10 Minuten quellen lassen. Lammfilets in mundgerechte Scheiben schneiden und unterheben. Mit Salz, Pfeffer, Kreuzkümmel und Kardamom würzen und mit Petersilie bestreut servieren.

Makkaroniauflauf mit Spinat

Fertig in: 50 Minuten
Davon aktiv: 25 Minuten

Für 4 Personen:
200 g trockene Makkaroni
Salz, Pfeffer
1 Zwiebel
2 TL Pflanzenöl
1 EL Mehl
250 ml fettarme Milch
1 kg frischer Blattspinat
(ersatzweise 600 g TK)
140 g geriebener Gouda, 30 % Fett i. Tr.
1 EL Paniermehl

1590 kJ
380 kcal

1. Backofen auf 180° C (Gas: Stufe 2, Umluft: 160° C) vorheizen. Makkaroni nach Packungsanweisung in Salzwasser bissfest garen und abgießen. Zwiebel schälen und in Würfel schneiden. Öl in einer Pfanne erhitzen und Zwiebelwürfel darin ca. 1 Minute andünsten. Mit Mehl bestäuben, unter Rühren mit Milch ablöschen und aufkochen.

2. Spinat waschen, trocken schleudern, die dicken Blattstiele entfernen und Spinat grob hacken. TK-Spinat gegebenenfalls auftauen lassen und ausdrücken. Spinat zur Sauce geben, ca. 5 Minuten köcheln lassen und mit Salz und Pfeffer würzen.

3. Makkaroni in eine Auflaufform (ca. 20 x 30 cm) geben. Spinatsauce darüber verteilen. Gouda und Paniermehl vermischen und darüber verteilen. Im Backofen auf mittlerer Schiene ca. 20 Minuten backen und Makkaroniauflauf servieren.

Spaghetti Aglio e Olio

Fertig in: 25 Minuten
Davon aktiv: 10 Minuten

Für 4 Personen:
300 g trockene Spaghetti
Salz
2 Knoblauchzehen
1 rote Chilischote
60 g Halbfettmargarine
Pfeffer
8 Blätter Basilikum
4 EL geriebener Pecorino

pro Person
10 ProPoints Wert
1496 kJ
358 kcal

1. Spaghetti nach Packungsanweisung in Salzwasser garen. Knoblauch pressen. Chilischote waschen, entkernen und fein würfeln. Margarine in einer Pfanne erhitzen, Knoblauch und Chiliwürfel darin anbraten und mit Salz und Pfeffer würzen.

2. Spaghetti abgießen und in der Knoblauchsauce schwenken. Basilikum waschen und trocken schütteln. Spaghetti Aglio e Olio mit Pecorino bestreuen und mit Basilikumblättern garniert servieren.

Tagliatelle mit Mangoldsauce

Fertig in: 35 Minuten
Davon aktiv: 20 Minuten

Für 4 Personen:
280 g trockene Tagliatelle
Salz
2 Zwiebeln
400 g Mangold
200 ml Gemüsebrühe
(1 TL Instantpulver)
50 g Frischkäse, bis 1 % Fett absolut
1 TL Tafelmeerrettich (Glas)
1 TL Speisestärke
1 EL Wasser
1 Prise geriebene Muskatnuss
4 EL Kräuteressig
3 TL Olivenöl
1 TL Senf
1 Prise Zucker
Pfeffer
je 1 rote, gelbe und grüne Paprika
2 EL Schnittlauchringe

pro Person
8 ProPoints Wert
1208 kJ
289 kcal

1. Nudeln nach Packungsanweisung in Salzwasser garen. Zwiebeln schälen und fein würfeln. Mangold waschen, hacken und mit Zwiebelwürfeln in Brühe ca. 10 Minuten dünsten. Frischkäse und Meerrettich unterrühren. Speisestärke mit Wasser anrühren, in die Sauce rühren, kurz aufkochen lassen und mit Salz, Pfeffer und Muskatnuss abschmecken. Nudeln abgießen und in der Mangoldsauce schwenken.

2. Für das Dressing Essig, Öl und Senf verrühren und mit Salz, Pfeffer und Zucker würzen. Paprika waschen, entkernen und in Würfel schneiden. Paprikawürfel mit Dressing beträufeln und mit Schnittlauchringen bestreut zu den Nudeln servieren.

Dazu schmeckt ein Tomatensalat ...

... aus 6 Tomaten in Spalten mit 1 Zwiebel in Würfeln und einem Dressing aus 1 TL Olivenöl, 3 EL hellem Balsamicoessig, 1 TL Paprikamark und 1 Prise Zucker, Salz und Pfeffer. Der *ProPoints*® Wert pro Person ändert sich nicht.

Farfalle mit karamellisierten Tomaten

Fertig in: 25 Minuten
Davon aktiv: 15 Minuten

Für 2 Personen:
140 g trockene Farfalle
Salz
500 g Cocktailtomaten
1 Knoblauchzehe
1/2 Bund Basilikum
1 EL Olivenöl
Pfeffer
1 TL gehackter Rosmarin
2 TL Honig
2 EL Parmesanhobel

 pro Person | 1685 kJ
403 kcal

1. Nudeln nach Packungsanweisung in Salzwasser garen. Tomaten waschen und halbieren. Knoblauch pressen. Basilikum waschen, trocken schütteln, Blätter abzupfen und in Streifen schneiden.

2. Öl in einer Pfanne erhitzen und Tomaten mit Knoblauch darin ca. 1 Minute anbraten. Mit Salz, Pfeffer und Rosmarin würzen und ca. 3 Minuten dünsten. Mit Honig beträufeln und karamellisieren lassen.

3. Nudeln abgießen, mit karamellisierten Tomaten und Basilikum vermengen und mit Parmesanhobeln bestreut servieren.

Beim Karamellisieren ...

... wird Zucker oder Honig unter Rühren geschmolzen und gebräunt. Es entsteht ein typischer Karamellgeschmack.

Nudelomelette mit Salat

Fertig in: 40 Minuten
Davon aktiv: 20 Minuten

Für 4 Personen:
160 g trockene Spiralnudeln
Salz, Pfeffer
2 Scheiben gekochter Schinken
6 Eier
75 ml fettarme Milch
1 EL gehackte Petersilie
1 Prise geriebene Muskatnuss
2 TL Pflanzenöl
125 g Pflücksalatmischung (Kühltheke)
1 Salatgurke
200 g Cocktailtomaten
100 ml Gemüsebrühe
(1/2 TL Instantpulver)
3 EL Weißweinessig
2 TL Senf

1. Nudeln nach Packungsanweisung in Salzwasser garen. Schinken in Streifen schneiden. Eier mit Milch und Petersilie verquirlen, mit Salz, Pfeffer und Muskatnuss würzen. Nudeln abgießen.

2. Öl in einer Pfanne erhitzen. Nudeln mit Schinkenstreifen und Eiern vermischen und in die Pfanne geben. Zugedeckt ca. 8–10 Minuten stocken lassen. Omelette auf einen Teller gleiten lassen, die Pfanne darüberstülpen, wenden und weitere ca. 5–8 Minuten garen.

3. Salat waschen und trocken schleudern. Gurke und Tomaten waschen. Gurke in Scheiben hobeln, Tomaten vierteln. Für das Dressing Brühe mit Essig und Senf verrühren, mit Salz und Zucker würzen und mit Salatzutaten mischen. Nudelomelette mit Salat servieren.

pro Person
 1526 kJ
365 kcal

Penne mit Kräuter-Tomaten-Sauce

Fertig in: 35 Minuten
Davon aktiv: 20 Minuten

❄ | ✐

Für 4 Personen:
260 g trockene Penne
Salz, Pfeffer
2 Schalotten
1 Karotte
4 TL Olivenöl
400 g passierte Tomaten (Konserve)
2 EL gehackte italienische Kräuter
1 TL Tomatenmark
1 Prise Zucker
150 g Rucola
3 EL Orangensaft
3 EL heller Balsamicoessig
2 TL Honig

1. Nudeln nach Packungsanweisung in Salzwasser garen. Schalotten und Karotte schälen und fein würfeln. 1 Teelöffel Öl in einer Pfanne erhitzen und Schalotten- und Karottenwürfel darin kurz anbraten. Passierte Tomaten zufügen und ca. 10 Minuten köcheln. Kräuter und Tomatenmark unterrühren und mit Salz, Pfeffer und Zucker würzen.

2. Rucola waschen und trocken schleudern. Für das Dressing Orangensaft, Essig, Honig und restliches Öl verrühren und mit Salz und Pfeffer abschmecken.

3. Nudeln abgießen. Rucola mit Dressing beträufeln. Kräuter-Tomaten-Sauce über die Nudeln geben und mit dem Salat servieren.

pro Person
 1206 kJ
288 kcal

Servieren Sie ...

... zum Nudelomelette pro Person 2 EL Ketchup.
Der *ProPoints®* Wert pro Person erhöht sich auf 9.

Griechisches Risotto

Fertig in: 45 Minuten
Davon aktiv: 25 Minuten

Für 4 Personen:
je 1 rote, gelbe und grüne Paprika
4 Tomaten
3 Zucchini
1 Zwiebel
2 TL Pflanzenöl
2 TL Tomatenmark
Salz
Pfeffer
500 ml Gemüsebrühe
(2 TL Instantpulver)
200 g trockene Kritharaki
(ersatzweise Risottoreis)
1 TL getrockneter Majoran
1/2 TL getrockneter Rosmarin
100 g Schafskäse light

1. Paprika, Tomaten und Zucchini waschen. Zwiebel schälen. Paprika entkernen und mit Tomaten und Zwiebel würfeln. Zucchini in Scheiben schneiden.

2. Öl in einer großen Pfanne erhitzen. Zwiebelwürfel darin ca. 2 Minuten glasig andünsten. Tomatenmark zufügen und anschwitzen. Paprikawürfel mit Zucchinischeiben zufügen, salzen, pfeffern und Brühe angießen.

3. Reisnudeln einrühren, mit Majoran und Rosmarin würzen und aufkochen. Zugedeckt ca. 15–20 Minuten garen und dabei gelegentlich umrühren. Tomatenwürfel ca. 5 Minuten vor Ende der Garzeit zugeben und mitgaren. Schafskäse in Würfel schneiden, über das Risotto streuen und servieren.

pro Person | 1526 kJ
| 365 kcal

Kritharaki ...

... sind griechische reiskornförmige Nudeln aus Hartweizengrieß. In der italienischen Küche werden sie auch „Risoni" genannt. Erhältlich sind sie in gut sortierten Supermärkten.

Desserts & Süßes

Für Naschkatzen. Neben leichten Variationen süßer Klassiker wie Arme Ritter oder Crème Caramel gibt es hier raffinierte Schichtdesserts sowie Fruchteis und Kokosparfait.

Dessertkunde

Das Dessert ist ein schöner Abschluss einer guten Mahlzeit. Unwiderstehliche Süßspeisen, die fast jeder liebt, gelten meist auch als Kalorienbombe. Aber es geht auch anders – entdecken Sie süßen Genuss auf die leichte Art!

Klassiker

Sorbet besteht fast immer aus passierten, tiefgefrorenen Früchten und ist nahezu fettfrei. Besonders an heißen Tagen ist ein Sorbet herrlich erfrischend.

Obst als Grütze, Salat, Fruchtspieß oder als Püree – aus Früchten lassen sich die leckersten Desserts zubereiten. Und dazu noch total gesund und fettarm.

Für **Parfait** oder Halbgefrorenes wird eine Ei-Zucker-Masse über einem warmen Wasserbad schaumig geschlagen, mit aufgeschlagener Sahne vermischt und anschließend im Tiefkühler gefroren. Im Gegensatz zu Eiscreme wird es während des Gefrierprozesses nicht gerührt und lässt sich daher einfach zu Hause herstellen.

Pudding kann traditionell als Flammeri zubereitet werden oder in einer Variante aus Grieß oder Reis. Die Serviermöglichkeiten sind sehr vielfältig.

Flammeri

Grießpudding

Übrigens ...

... liegt das Geheimnis leichter Desserts in der Verwendung von leichten Zutaten. Sahnequark können Sie beispielsweise durch eine Mischung aus Magerquark und Joghurt ersetzen. Auch Light-Produkte und fettarme Alternativen zu Schmand, Sahne und Co. haben längst die Küchen erobert. Und reife Feigen oder Bananen verleihen Nachspeisen eine angenehme Süße, ohne dass Sie zur Zuckerdose greifen müssen.

Gelatine

Gelatine ist ein klassisches Geliermittel, das Cremes Stabilität verleiht. Als Faustregel gilt, dass man zum Gelieren von 1 Liter Flüssigkeit ca. 12 Blätter Gelatine benötigt. Sie sollten sich dennoch an die in den Rezepten angegebenen Mengen halten, da der Geliergrad für verschiedene Flüssigkeiten oder Cremes unterschiedlich ist.

Weichen Sie die Gelatineblätter für ca. 5 Minuten in kaltem Wasser ein, bis sie sich vollständig vollgesogen haben. Nehmen Sie sie anschließend aus der Flüssigkeit und drücken Sie sie leicht aus. Geben Sie die eingeweichte Gelatine in einen Topf und lösen Sie sie unter Rühren bei geringer Wärmezufuhr auf. Dabei sollten Sie darauf achten, dass die Gelatine nicht zu kochen beginnt, da sie sonst ihre Gelierfähigkeit verliert.

Übrigens ...

... verfügen einige Südfrüchte (z. B. Kiwi, Papaya, Feigen, Ananas) im ungegarten Zustand über Enzyme, die das Gelieren mit Gelatine verhindern.

Verwendung in kalten Speisen:

Damit sich keine Klümpchen bilden, muss die Temperatur der aufgelösten Gelatine langsam an die der kalten Masse angeglichen werden. Rühren Sie dafür zunächst 3–5 Esslöffel der Creme oder Flüssigkeit nach und nach unter die Gelatine. Danach können Sie das Gelatinegemisch unter die restliche Masse rühren.

Verwendung in heißen Speisen:

Bei heißen Speisen können Sie auf das separate Auflösen der Gelatine verzichten. Lösen Sie die gequollenen Blätter unter Rühren direkt in der heißen, aber nicht mehr kochenden Masse auf. Eine Alternative zur klassischen Blattgelatine stellen Fix-Produkte dar, die ohne Einweichen und Auflösen auch in kalten Cremes verrührt werden können.

Bei Vegetariern und Veganern sind außerdem pflanzliche Geliermittel auf Basis von Agar-Agar (z. B. Agartine) beliebt. Diese Ersatzprodukte sollten Sie immer nach Packungsanweisung verwenden.

So gelingt Gelatine

Faustregel: Pro 1 Liter Flüssigkeit 12 Blätter Gelatine.

Gelatineblätter für einige Minuten in kaltem Wasser einweichen.

Gelatine leicht ausdrücken und in einem warmen Topf auflösen.

Obstsorten

Obst ist ein vitamin- und mineralstoffreicher Fitmacher und trägt zu einer gesunden und ausgewogenen Ernährung bei. Die Auswahl an aromatischen Früchten ist riesig – da ist für jeden etwas dabei!

Wassermelonen verfügen über einen Wasseranteil von 93 %, weshalb sie im Sommer auch ideale Durstlöscher sind. Um den Reifezustand einer ganzen Melone zu prüfen, kann der Klopftest gemacht werden. Klopfen Sie dafür mit der Hand leicht gegen die Schale. Wenn es dumpf und voll klingt, ist die Melone reif.

Pfirsiche werden größtenteils in weiß- oder gelbfleischigen Sorten angeboten. Wegen ihres saftigen und süßen Aromas sind sie sehr beliebt. Die oval geformten Weinbergpfirsiche schmecken etwas herber, erfreuen sich aber steigender Beliebtheit. Nektarinen sind übrigens eine gelungene Züchtung aus Pfirsich und Pflaume: Sie vereinen den Geschmack des Pfirsichs mit der glatten Haut der Pflaume.

Aprikosen zeichnen sich durch ihre kräftige gelb-orange Farbe aus. Die bis zu 8 cm großen Früchte schmecken roh und pur genauso gut wie als Kuchenbelag oder im Dessert.

Erdbeeren schmecken am besten von Mai bis Juli, wenn sie die volle Reife erreicht haben und aus heimischem Anbau angeboten werden. Die empfindlichen Früchte verderben schnell und sollten umgehend verzehrt oder verarbeitet werden.

Cantaloupe-Melonen gehören mit den Honig- und Netzmelonen zu der Gattung der Zuckermelonen. Reife Früchte duften aromatisch und geben leicht nach, wenn man auf das Blütenende drückt. Überreife Früchte verströmen einen vergorenen Duft.

Äpfel sind das beliebteste Obst der Deutschen. Aber auch in anderen Ländern der Erde sind die Früchte sehr populär: Weltweit wird die Vielfalt auf ca. 20.000 Sorten geschätzt. Äpfel haben einen hohen Gehalt an Vitamin C und sind ballaststoffreich.

Bananen sind ein idealer Pausensnack, denn aufgrund ihres hohen Energiewertes sättigen sie schnell und lange. Außerdem liefern Bananen viele Vitamine und wertvolle Mineralstoffe.

Himbeeren bestechen durch ihre saftige Konsistenz und das süße Aroma. TK-Früchte verlieren nach dem Auftauen ihre pralle Form, sind aber außerhalb der Saison eine gute Alternative zu frischen Beeren.

Wassermelonen

Cantaloupe-
Melonen

Pfirsiche

Äpfel

Aprikosen

Erdbeeren

Bananen

Himbeeren

Obst vorbereiten

Ananas schneiden

Ananasstrunk und Boden mit einem Messer entfernen.

Ananasschale abschneiden und Ananas vierteln.

Holzigen Strunk entfernen, Ananas in Stücke schneiden.

Orangen filetieren

Beide Enden der Orange abschneiden.

Schale samt weißer Haut vollständig entfernen.

Orangenfilets zwischen den Trennwänden herausschneiden.

Melone vorbereiten

Melone halbieren und Kerne mit einem Löffel entfernen.

Mit einem Kugelausstecher kleine Kugeln aus dem Fruchtfleisch lösen ...

... oder in Spalten schneiden und Schale entfernen.

Mango schneiden

Mango mit einem Sparschäler schälen ...

... und das Fruchtfleisch vom Stein schneiden.

Fruchtfleisch in Streifen oder Stücke schneiden.

Fruchtpüree herstellen

Beeren waschen und verlesen.

Beeren mit einem Mixstab pürieren ...

... und nach Wunsch passieren, um Kerne zu entfernen.

Kompott zubereiten

Früchte schälen, zerkleinern und mit Zitronensaft beträufeln.

Mit Zucker, Gewürzen und Wasser ca. 5–7 Minuten dünsten.

Kompott warm oder kalt genießen.

Amarettini-Beeren-Dessert

Fertig in: 1 Stunde 45 Minuten
Davon aktiv: 25 Minuten

Für 6 Personen:
1 Vanilleschote
100 ml fettarme Milch
2 EL gemahlener Mohn
250 g Magerquark
2 EL Zucker
2 EL kohlensäurehaltiges
Mineralwasser
400 g gemischte Beeren
(frisch oder TK)
60 g Amarettini

pro Person
3 ProPoints Wert | 680 kJ
163 kcal

1. Vanilleschote längs aufschneiden und das Mark herauskratzen. Milch mit Mohn, Vanillemark und -schote aufkochen und ca. 20 Minuten quellen lassen. Vanilleschote entfernen. Mohnmasse mit Quark, Zucker und Mineralwasser cremig verrühren.

2. Beeren waschen und trocken tupfen, gefrorene Beeren gegebenenfalls auftauen lassen. 3 Esslöffel Beeren zur Seite stellen. Amarettini in einen Gefrierbeutel geben, mit einem Nudelholz oder Fleischklopfer grob zerkleinern. Einige Brösel zur Seite stellen.

3. Amarettinibrösel auf 6 Dessertgläser verteilen. Etwas Mohnquark daraufgeben und mit Beeren bedecken. Restlichen Mohnquark darauf verteilen. Dessert ca. 1 Stunde kalt stellen. Mit den restlichen Beeren und Amarettinibröseln garniert servieren.

Arme-Ritter-Auflauf

Fertig in: 55 Minuten
Davon aktiv: 15 Minuten

Für 2 Personen:
2 Pfirsiche (ersatzweise 1 Mango)
2 Bananen
1 EL Zitronensaft
2 Eier
250 ml fettarme Milch
1/2 Päckchen Vanillepuddingpulver
1 Päckchen Vanillezucker
1/2 TL Zimtpulver
4 Scheiben Vollkorntoast
1 TL Puderzucker

pro Person
9 ProPoints Wert | 2233 kJ
534 kcal

1. Backofen auf 200° C (Gas: Stufe 3, Umluft: 180° C) vorheizen. Pfirsiche waschen, Steine entfernen und Pfirsiche würfeln. Bananen schälen, in Scheiben schneiden und mit den Pfirsichwürfeln mischen. Mit Zitronensaft beträufeln. Eier mit Milch und Puddingpulver verquirlen und mit Vanillezucker und Zimtpulver verfeinern. Toastscheiben halbieren.

2. Toastscheiben und Obst abwechselnd in eine Auflaufform (ca. 30 x 20 cm) schichten. Eiermilch darübergießen. Im Backofen auf mittlerer Schiene ca. 40 Minuten backen, nach ca. 30 Minuten eventuell abdecken. Mit Puderzucker bestäuben und servieren.

Crème Caramel mit feiner Vanillenote

Fertig in: 4 Stunden
Davon aktiv: 20 Minuten

Für 4 Personen:
2 TL Halbfettmargarine
55 g Zucker
2 EL heißes Wasser
1 Vanilleschote
200 ml fettarme Milch
2 Eigelb

pro Person

3 ProPoints Wert

540 kJ
129 kcal

1. 4 Souffléförmchen (Ø ca. 5 cm) mit Margarine fetten. 40 g Zucker in einer Pfanne unter ständigem Rühren hellbraun karamellisieren lassen. Wasser zufügen und unter Rühren köcheln lassen, bis sich der Zucker vollständig gelöst hat. Karamell in gefettete Förmchen füllen.

2. Backofen auf 180° C (Gas: Stufe 2, Umluft: 160° C) vorheizen. Eine Auflaufform ca. 3 cm hoch mit Wasser füllen und in den Ofen stellen. Vanilleschote längs aufschneiden und das Mark herauskratzen. Milch mit Vanillemark und -schote aufkochen. Vanilleschote entfernen. Eigelb mit restlichem Zucker cremig rühren. Heiße Vanillemilch langsam unter Rühren zugießen.

3. Vanillemasse über den Karamell geben. Im Backofen ca. 40 Minuten im Wasserbad stocken lassen. Die Creme ca. 3 Stunden im Kühlschrank abkühlen lassen. Mit einem Messer vorsichtig die Creme vom Förmchen lösen, auf einen Teller stürzen und servieren.

Kokosparfait mit Himbeersauce

Fertig in: 4 Stunden 35 Minuten
Davon aktiv: 35 Minuten

Für 4 Personen:
40 g Zucker
1 EL heißes Wasser
1 EL Kokosraspel
1 Eigelb
125 ml Cremefine zum Schlagen
200 g Himbeeren (frisch oder TK)
1 TL Honig

646 kJ
155 kcal

1. 30 g Zucker in einer Pfanne karamellisieren. Wasser zufügen und unter Rühren köcheln lassen, bis sich der Zucker vollständig gelöst hat. Kokosraspel zufügen und gut verrühren. Kokoskaramell auf Backpapier verstreichen und abkühlen lassen.

2. Eigelb mit restlichem Zucker ca. 1 Minute über dem warmen Wasserbad cremig aufschlagen. Kokoskaramell zerkleinern und 1 Teelöffel zur Seite stellen. Rest unterheben und abkühlen lassen. Cremefine steif schlagen und unterheben. Creme in 4 Souffléförmchen (Ø ca. 5 cm) füllen und ca. 4 Stunden einfrieren.

3. Für die Beerensauce Himbeeren waschen, trocken tupfen und pürieren, gefrorene Beeren gegebenenfalls auftauen lassen. Himbeersauce mit Honig verfeinern. Kokosparfait mit Kokoskaramellsplittern und Himbeersauce servieren.

Die Sauce wird besonders fein, ...

... wenn Sie die pürierten Himbeeren durch ein Sieb streichen.

Kaiserschmarren mit Fruchtsauce

Fertig in: 30 Minuten
Davon aktiv: 25 Minuten

Für 4 Personen:
4 Eier
375 ml fettarme Milch
3 Päckchen Vanillezucker
160 g Mehl
2 TL Pflanzenöl
1 kleine Mango
200 g Himbeeren (frisch oder TK)
1 EL Speisestärke
75 ml Orangensaft
1 TL Puderzucker

pro Person
1629 kJ
390 kcal

1. Eier mit Milch und Vanillezucker verquirlen. Mehl untermischen. Öl portionsweise in einer Pfanne erhitzen, die Hälfte des Teigs in die Pfanne geben, Kaiserschmarren abbacken, dabei von jeder Seite ca. 3–5 Minuten backen. Zerrupfen und goldbraun fertig backen. Mit dem restlichen Teig genauso verfahren.

2. Mango halbieren und Fruchtfleisch vom Kern lösen, schälen und in Stücke schneiden. Himbeeren waschen und trocken tupfen, gefrorene Beeren gegebenenfalls auftauen lassen. Stärke mit 3 Esslöffeln Orangensaft anrühren.

3. Restlichen Orangensaft erhitzen, vorbereitetes Obst zugeben und ca. 4–5 Minuten dünsten. Angerührte Stärke unterrühren und kurz aufkochen. Kaiserschmarren mit Puderzucker bestäuben und mit Fruchtsauce servieren.

Zimtküchlein mit Kompott

Fertig in: 40 Minuten
Davon aktiv: 25 Minuten

Für 4 Personen:
4 Eier
200 ml fettarme Milch
85 ml Mineralwasser
150 g Mehl
3 EL Zucker
1 Päckchen Vanillezucker
1 TL Zimtpulver
200 g reife Pflaumen
2 säuerliche Äpfel (z. B. Boskop)
2 reife Birnen
75 ml Orangensaft
4 TL Pflanzenöl

 1975 kJ
472 kcal

1. Eier mit Milch und Mineralwasser verquirlen. Mehl untermischen und mit Zucker, Vanillezucker und Zimtpulver verfeinern. Teig ca. 5–10 Minuten ruhen lassen.

2. Pflaumen waschen und entsteinen. Äpfel und Birnen vierteln, entkernen und schälen. Mit Pflaumen in Würfel schneiden. Apfel- und Birnenwürfel in Orangensaft ca. 10 Minuten mit Deckel dünsten. Nach ca. 5 Minuten Pflaumenwürfel zufügen und mitdünsten. Etwas abkühlen lassen.

3. Öl portionsweise in einer Pfanne erhitzen und darin jeweils 4 kleine Küchlein ca. 2 Minuten von jeder Seite abbacken. Zimtküchlein mit Kompott servieren.

Erdbeer-Schoko-Mousse

Fertig in: 2 Stunden 15 Minuten
Davon aktiv: 25 Minuten

Für 4 Personen:
80 g Zartbitterschokolade
125 ml Cremefine zum Schlagen
3 TL Honig
500 g Erdbeeren (frisch oder TK)
1 Stängel Zitronenmelisse
1 TL Puderzucker

pro Person 947 kJ
227 kcal

1. Für die Mousse Schokolade grob hacken, in einem warmen Wasserbad schmelzen und leicht abkühlen lassen. Cremefine steif schlagen. Schokolade und Honig unterheben, in 4 kleine Gläser füllen und ca. 2 Stunden kalt stellen.

2. Erdbeeren waschen und trocken tupfen, gefrorene Beeren gegebenenfalls auftauen lassen. Zitronenmelisse waschen, trocken schütteln, die Blätter abzupfen und mit 300 g Erdbeeren pürieren. Restliche Erdbeeren in kleine Würfel schneiden. Mit Puderzucker verfeinern.

3. Erdbeerpüree auf das Mousse au Chocolat geben und mit Erdbeerwürfeln garniert servieren.

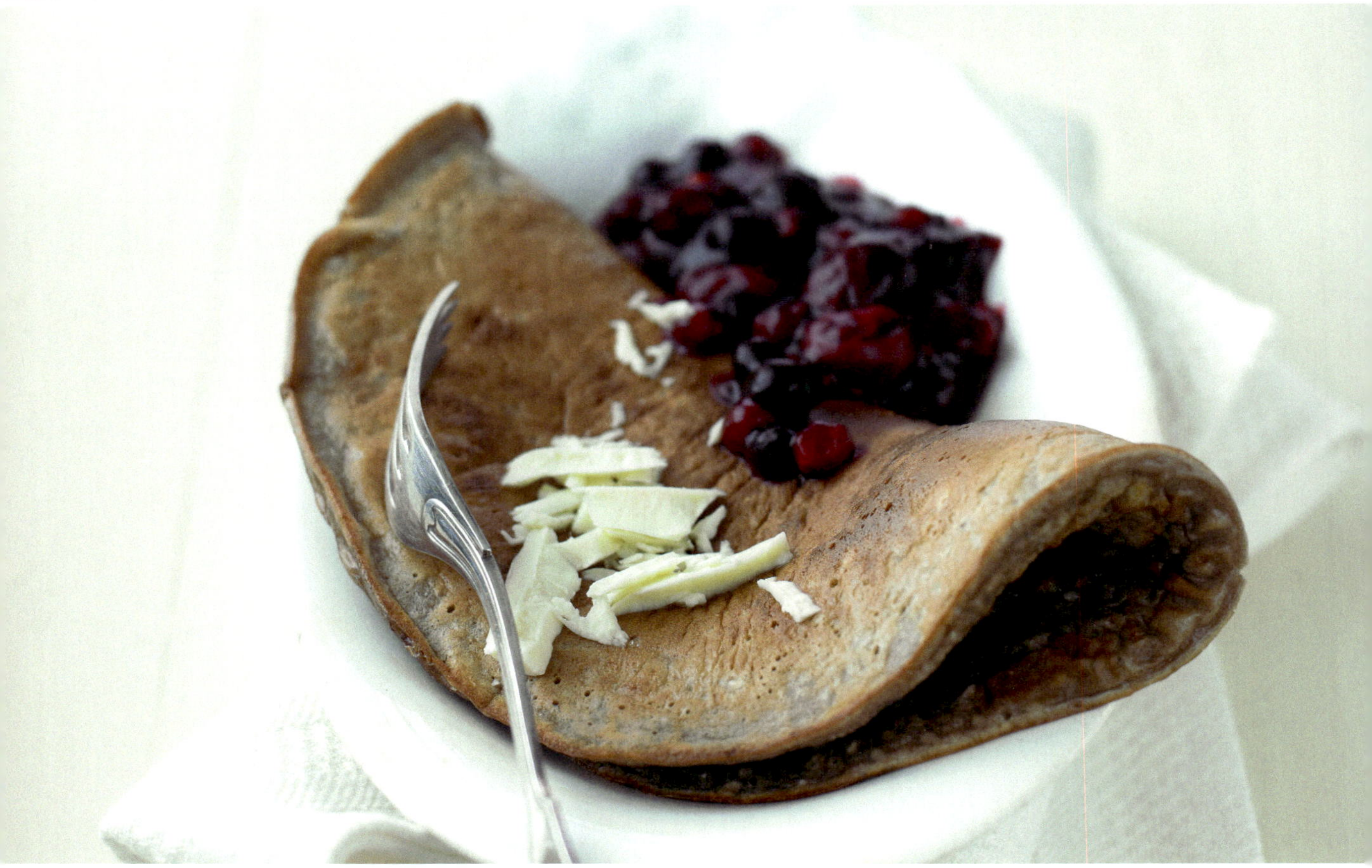

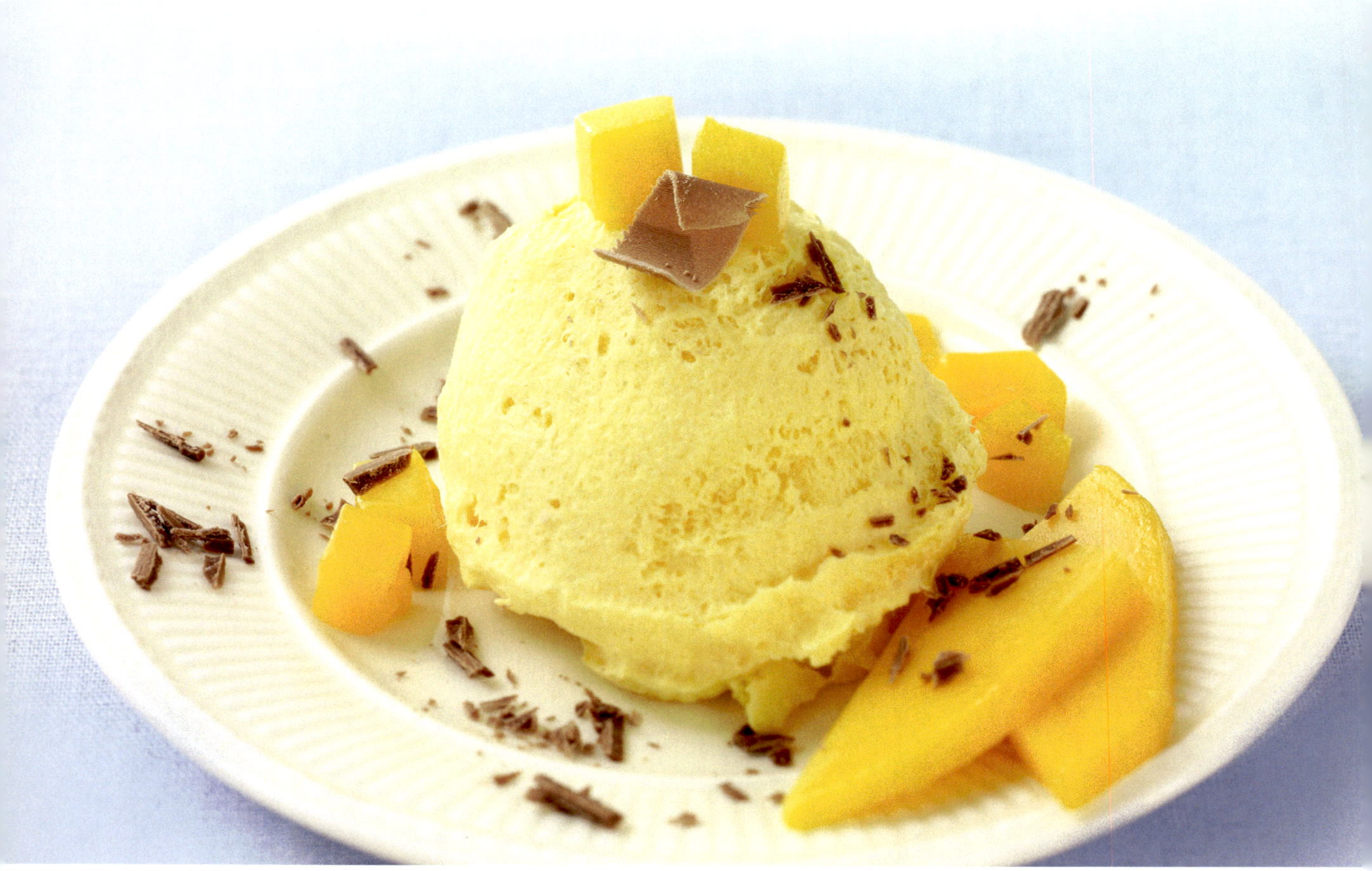

Schokopfannkuchen

Fertig in: 20 Minuten
Davon aktiv: 15 Minuten

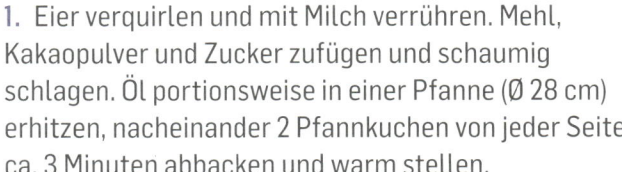

Für 2 Personen:
2 Eier
125 ml fettarme Milch
2 EL Mehl
1 TL Kakaopulver
1 EL Zucker
2 TL Pflanzenöl
300 g Beeren (TK)
1 TL Speisestärke
2 EL Wasser
einige Tropfen flüssiger Süßstoff
30 g weiße Schokolade

1. Eier verquirlen und mit Milch verrühren. Mehl, Kakaopulver und Zucker zufügen und schaumig schlagen. Öl portionsweise in einer Pfanne (Ø 28 cm) erhitzen, nacheinander 2 Pfannkuchen von jeder Seite ca. 3 Minuten abbacken und warm stellen.

2. Beeren in einem Topf erhitzen. Speisestärke mit Wasser anrühren, zugeben und aufkochen. Mit Süßstoff abschmecken. Schokolade grob raspeln. Pfannkuchen mit heißer Beerensauce und mit Schokoladenraspeln bestreut servieren.

pro Person
8 ProPoints Wert
1863 kJ
446 kcal

Himmlisches Mangoeis

Fertig in: 2 Stunden 10 Minuten
Davon aktiv: 15 Minuten

Für 4 Personen:
4 reife Mangos
2 Orangen
2 EL Puderzucker
3 EL Crème légère
1 Prise Kardamom
2 EL Raspelschokolade

1. Mangos schälen, das Fruchtfleisch vom Stein schneiden und würfeln. Orangen auspressen. Mangowürfel mit Orangensaft und Puderzucker pürieren. Crème légère unterheben und mit Kardamom würzen.

2. Masse in eine flache Schüssel füllen und im Gefrierschrank ca. 2 Stunden kalt stellen, dabei alle 30 Minuten umrühren. Eis mit Schokolade und nach Wunsch mit Mango garniert servieren.

pro Person
2 ProPoints Wert
1020 kJ
244 kcal

Für ein Lebkuchen-Schokoladen-Eis ...

... 40 g gehackte Schokolade mit 1/4 TL Lebkuchengewürz im Wasserbad schmelzen, abkühlen lassen. 150 ml Cremefine zum Schlagen mit 2 EL Puderzucker steif schlagen, unterziehen und wie beschrieben einfrieren. Der *ProPoints*® Wert pro Person erhöht sich auf 4.

Beeren-Wackelpudding

Fertig in: 4 Stunden 10 Minuten
Davon aktiv: 20 Minuten

Für 4 Personen:
250 g gemischte Beeren
(z. B. Himbeeren und Johannisbeeren)
5 Blatt Gelatine
400 ml Kirschsaft
100 ml Cremefine zum Schlagen
1 Päckchen Vanillezucker

 pro Person
3 ProPoints Wert | 719 kJ
172 kcal

1. Beeren waschen und trocken tupfen. Einige Beeren als Garnitur zur Seite stellen und restliche Beeren auf 4 Dessertgläser verteilen. Gelatine nach Packungsanweisung einweichen.

2. Kirschsaft in einem Topf erhitzen und Gelatine darin unter Rühren auflösen. Saft auf 4 Dessertgläser verteilen und ca. 4 Stunden kalt gestellt fest werden lassen.

3. Cremefine mit Vanillezucker steif schlagen. Beeren-Wackelpudding mit Cremefine und restlichen Beeren garniert servieren.

Schaumcreme mit Madeirawein

Fertig in: 25 Minuten
Davon aktiv: 25 Minuten

Für 6 Personen:
150 g kernlose rote Weintrauben
150 g kernlose grüne Weintrauben
1/2 Zitrone
4 Eigelb
2 EL Zucker
50 ml Madeirawein

 pro Person
3 ProPoints Wert | 489 kJ
117 kcal

1. Trauben waschen und halbieren. Traubenhälften auf 6 Dessertgläser verteilen. Einige Traubenhälften zur Seite stellen. Zitronenhälfte auspressen.

2. Eigelb mit Zucker im warmen Wasserbad ca. 2–3 Minuten cremig aufschlagen. Madeirawein und 2 Esslöffel Zitronensaft zufügen und ca. 3 Minuten kräftig weiter schlagen, bis der Schaum cremig ist.

3. Creme auf die Gläser verteilen und etwas auskühlen lassen. Mit restlichen Traubenhälften garnieren und servieren.

Die Schaumcreme ...

... sollte die Konsistenz von halbsteif geschlagenem Eiweiß haben.

Probieren Sie mal ...

... Trauben-Wackelpudding aus 200 g kernlosen Weintrauben (statt der Beeren) und 400 ml Traubensaft.
Der *ProPoints*® Wert pro Person erhöht sich auf 4.

Ein schlanker Auftritt!

Die Schwestern Marie (22) und Christina (26) haben sich gegen ihre überflüssigen Kilos verbündet und mit Weight Watchers Online den Sieg davongetragen. Bisherige Erfolgsbilanz der beiden: 22,5 Kilo weniger und jede Menge mehr Lebensfreude.

Christina und Marie erinnern sich an regelmäßige, gemeinsame – und oft gehaltvolle – Mahlzeiten in ihrer Kindheit. Beide Schwestern liebten es zu naschen, was im Laufe der Jahre für überflüssige Kilos sorgte. Damals hatten die Schwestern schon einmal mit dem Weight Watchers Programm abgenommen. Sie veränderten jedoch ihre Ernährung nicht dauerhaft, und so schlichen sich schnell wieder ungesunde Essgewohnheiten ein – die Waage bestätigte das. Ein Entschluss wurde gefasst – „Noch am gleichen Tag meldeten wir uns online an." Das Online-Programm war wie gemacht für die jungen Frauen. Der Computer ist für beide ein tägliches Arbeitsmittel und somit stets in Reichweite. Die gegenseitige Unterstützung begann schon am ersten Tag. Sie besprachen ihre Fortschritte, motivierten sich und kochten häufig gemeinsam.

Bereits in der ersten Woche purzelten die Pfunde, und es machte ihnen richtig Spaß, gemeinsam mehr über eine gesunde Ernährung zu erfahren. Nur einmal, schon fast am Ende der Abnahme, lief nicht alles rund. In der Weihnachtszeit konnten beide den Schlemmereien nicht widerstehen und hörten auf, *ProPoints*® Werte zu zählen und aufzuschreiben. Schnell lief alles aus dem Ruder. Deshalb ihr Tipp: Immer alles aufschreiben, was man isst – komme, was wolle! Die beiden Münchnerinnen blieben am Ball, und heute ist ihr Erfolg deutlich sichtbar!

Marie erreichte an ihrem Geburtstag im Mai ihr Zielgewicht. Sie freute sich nicht nur darüber, dass sie in so kurzer Zeit die überflüssigen Pfunde loswurde, sondern auch, dass sie wieder ein Sättigungsgefühl und Augenmaß für gesunde Portionsgrößen entwickelt hatte. „Ich esse viel bewusster!" Sie kocht regelmäßig, joggt jeden Tag ihre Runden und macht manchmal zusätzliches Krafttraining.

Christina fehlen noch vier Kilo bis zum Zielgewicht, doch die Software-Ingenieurin ist zuversichtlich, diese auch noch zu schaffen. Bis dahin genießt Christina es jetzt schon, ihre neue Figur mit schicken Kostümen und Bleistiftröcken zu betonen. „Das hätte ich mich früher nie getraut. Es macht mir richtig Spaß, und ich genieße die Komplimente!" Sie bewegt sich inzwischen schon mehr als früher und macht einmal die Woche Yoga. „Ich vermisse meine ungesunde Ernährung von früher überhaupt nicht, und auf Schokolade muss ich auch nicht verzichten, denn dafür nutze ich mein Wochenextra!", sagt Christina. Und Marie ergänzt: „Wir haben sogar unsere Eltern dazu gebracht, mit Weight Watchers ihr Essverhalten zu ändern."

Wenn Sie wie Marie und Christina durchstarten möchten, schauen Sie bei einem Weight Watchers Treffen in Ihrer Nähe vorbei:
www.weightwatchers.de/treffenfinden

www.weightwatchers.de/
monatspass

„Unsere Lieblingsrezepte aus diesem Kochbuch sind Hähnchencurry mit Kichererbsen (S. 89) und Nudelomelette mit Salat (S. 188)."

A

Amarettini-Beeren-Dessert	200
American Dressing	24
Aprikosendressing	22
Arme-Ritter-Auflauf	200
Artischocken-Tunfisch-Pfanne	108

B

Basilikum-Senf-Dressing	22
Bauernsalat, griechischer	33
Beeren-Wackelpudding	212
Blumenkohlcurry mit roten Linsen	149
Bohnenpfanne, bunte	134
Bratkartoffeln	155
Bratnudeln mit Huhn	93
Broccolisuppe mit Lachs	57

C

Cannelloni mit Tunfischfüllung	175
Cevapcici mit rotem Reis	90
Couscous-Lamm-Pfanne, orientalische	183
Crème Caramel mit feiner Vanillenote	203

D

Dorade mit Tomatensalat, gegrillte	104

E

Entenbrustfilets in Orangensoße	85
Erdbeer-Schoko-Mousse	208

F

Farfalle mit karamellisierten Tomaten	187
Feiertagsrouladen mit Kroketten	74
Fischfrikadellen mit Kartoffel-Gurken-Salat	116
Fischsuppe mit Garnelen	45
Fitness-Salat mit Sprossen	29

G

Garnelenspieße mit Glasnudelsalat	111
Gemüse mit Couscous-Füllung, buntes	137
Gyrossuppe mit Kräuterschafskäse	54

H

Hackbraten, mediterraner	86
Hähnchen auf Frühlingsgemüse	97
Hähnchencurry mit Kichererbsen	89
Hähncheneintopf, thailändischer	49
Hähnchenschenkel in Aprikosensauce	70
Himbeerdressing, edles	24
Hirserisotto mit gebratenem Sellerie	176
Honig-Senf-Dressing	24
Hühnerfrikassee mit Champignons	94
Hummerspaghetti mit Romanesco	112

J

Joghurtdressing	22

K

Kabeljauragout mit Meerrettich	119
Kaiserschmarren mit Fruchtsauce	207
Kalbsschnitzel mit Broccoli, gefüllte	77
Karotten-Kürbis-Eintopf	141
Karottentopf mit Tatarbällchen	53
Kartoffelauflauf mit Tatar	161
Kartoffelcremesuppe	53
Kartoffelgratin	155
Kartoffelklöße mit Pilzsauce	157
Kartoffel-Kürbis-Curry	162
Kartoffel-Lachs-Suppe	158
Kartoffelplätzchen mit Tomatensauce	161
Kartoffelpuffer	154
Kartoffel-Romana-Salat	26
Kartoffelspieße mit Kräuterdip	162
Kartoffelwedges	154
Käse-Lauch-Suppe	46
Kohlrouladen mit Kartoffelpüree	73
Kokosparfait mit Himbeersauce	204
Kräuterbraten mit Kartoffel-Gemüse-Pfanne	78
Kräuterlachs aus dem Ofen	116
Kräutersuppe mit Erbsen	58

L

Lachslasagne mit Spinat	120
Lachs mit Rahmwirsing, gratinierter	119
Lamm-Couscous-Salat mit Granatapfel	29
Lammfilets mit Balsamicosauce	93
Lasagne al forno	179
Linsen-Kürbis-Suppe	58

M

Makkaroniauflauf mit Spinat	183
Mangoeis, himmlisches	211
Maultaschentopf, vegetarischer	45

N

Nordsee-Kartoffel-Salat	158
Nudelomelette mit Salat	188
Nudel-Paprika-Salat	34
Nudelsalat Caprese	26
Nudelteig Grundrezept	172
Nürnberger mit Kartoffelstampf	73

O

Orangenchicorée, geschmorter	134

P

Paprikahähnchen aus dem Ofen	89
Penne mit Kräuter-Tomaten-Sauce	188
Pestodressing, italienisches	24
Pfannkuchen, gefüllte	138
Pfeffersteaks mit Kartoffelgratin	82

R

Ratatouille, mediterranes	149
Ravioli mit Tatar-Spinat-Füllung	172
Ravioli-Spinat-Pfanne	145
Reisbällchen mit Paprika und Garnelen	180
Reis-Gemüse-Pfanne, schnelle	146
Rindergulasch mit Rotkohl	86
Rindfleischsuppe, feine	46
Risotto, griechisches	191
Risotto mit Spargel	179

Roastbeef-Bohnen-Salat	33
Rotbarsch mit Kräuterhaube	115

S

Saltimbocca mit Ofengemüse	81
Sauerbraten klassisch	69
Schaumcreme mit Madeirawein	212
Schichtsalat Bolognese	37
Schnitzel Wiener Art	66
Schokopfannkuchen	211
Schollenröllchen mit Kräuterreis	107
Seelachsfilet in Cornflakespanade	108
Seezunge in Weißwein	115
Spaghetti Aglio e Olio	184
Spargel-Gemüse-Auflauf	141

T

Tagliatelle mit Mangoldsauce	184
Thaicurry mit Basmatireis	90
Tomaten-Paprika-Suppe	50
Tortellinigratin mit Pilzen	180
Tortellinisalat mit Lachs	34
Tortilla mit Zucchini und Tomaten	145
Tunfischfilets mit Gemüsespießen	120
Tunfischsalat	30
Tunfisch-Tramezzini	112

V

Vollkornquiche mit Lauch	142

W

Wirsingrouladen, vegetarische	133

Z

Zimtküchlein mit Kompott	208
Zucchini-Spirelli-Frittata	146
Zucchinisuppe mit Schinken	50
Züricher Geschnetzeltes	97
Zwiebelsuppe mit Parmesanchips	42

Auberginen

Mediterranes Ratatouille	149
Orientalische Couscous-Lamm-Pfanne	183

Beilagensalate

Entenbrustfilets in Orangensauce	85
Mediterraner Hackbraten	86
Nudelomelette mit Salat	188
Penne mit Kräuter-Tomaten-Sauce	188
Pfeffersteaks mit Kartoffelgratin	82
Rotbarsch mit Kräuterhaube	115
Schollenröllchen mit Kräuterreis	107

Blumenkohl

Blumenkohlcurry mit roten Linsen	149
Nürnberger mit Kartoffelstampf	73
Vegetarischer Maultaschentopf	45

Bohnen

Kartoffelklöße mit Pilzsauce	157
Roastbeef-Bohnen-Salat	33

Broccoli

Broccolisuppe mit Lachs	57
Gefüllte Kalbsschnitzel mit Broccoli	77
Hähnchencurry mit Kichererbsen	89
Thaicurry mit Basmatireis	90
Vegetarischer Maultaschentopf	45

Couscous

Buntes Gemüse mit Couscous-Füllung	137
Lamm-Couscous-Salat mit Granatapfel	29
Orientalische Couscous-Lamm-Pfanne	183

Dressing

American Dressing	24
Aprikosendressing	22
Basilikum-Senf-Dressing	22
Edles Himbeerdressing	24
Honig-Senf-Dressing	24
Italienisches Pestodressing	24
Joghurtdressing	22

Fisch & Meerestiere

Broccolisuppe mit Lachs	57
Cannelloni mit Tunfischfüllung	175
Fischfrikadellen mit Kartoffel-Gurken-Salat	116
Fischsuppe mit Garnelen	45
Garnelenspieße mit Glasnudelsalat	111
Gegrillte Dorade mit Tomatensalat	104
Gratinierter Lachs mit Rahmwirsing	119
Hummerspaghetti mit Romanesco	112
Kabeljauragout mit Meerrettich	119
Kartoffel-Lachs-Suppe	158
Kräuterlachs aus dem Ofen	116
Lachslasagne mit Spinat	120
Nordsee-Kartoffel-Salat	158
Reisbällchen mit Paprika und Garnelen	180
Rotbarsch mit Kräuterhaube	115
Schollenröllchen mit Kräuterreis	107
Seelachsfilet in Cornflakespanade	108
Seezunge in Weißwein	115
Tortellinisalat mit Lachs	34
Tunfischfilets mit Gemüsespießen	120
Tunfischsalat	30
Tunfisch-Tramezzini	112

Geflügel

Bratnudeln mit Huhn	93
Cevapcici mit rotem Reis	90
Entenbrustfilets in Orangensauce	85
Gyrossuppe mit Kräuterschafskäse	54
Hähnchen auf Frühlingsgemüse	97
Hähnchencurry mit Kichererbsen	89

Hähnchenschenkel in Aprikosensauce	70
Hühnerfrikassee mit Champignons	94
Paprikahähnchen aus dem Ofen	89
Thaicurry mit Basmatireis	90
Thailändischer Hähncheneintopf	49

Gurken

Fischfrikadellen mit Kartoffel-Gurken-Salat	116
Griechischer Bauernsalat	33

Kalbfleisch

Gefüllte Kalbsschnitzel mit Broccoli	77
Saltimbocca mit Ofengemüse	81
Züricher Geschnetzeltes	97

Karotten

Hähnchen auf Frühlingsgemüse	97
Kabeljauragout mit Meerrettich	119
Karotten-Kürbis-Eintopf	141
Karottentopf mit Tatarbällchen	53
Kräuterbraten mit Kartoffel-Gemüse-Pfanne	78
Lasagne al forno	179

Kartoffeln

Bratkartoffeln	155
Broccolisuppe mit Lachs	57
Fischfrikadellen mit Kartoffel-Gurken-Salat	116
Gratinierter Lachs mit Rahmwirsing	119
Hähnchen auf Frühlingsgemüse	97
Karotten-Kürbis-Eintopf	141
Karottentopf mit Tatarbällchen	53
Kartoffelauflauf mit Tatar	161
Kartoffelcremesuppe	53
Kartoffelgratin	155
Kartoffelklöße mit Pilzsauce	157
Kartoffel-Kürbis-Curry	162

Kartoffel-Lachs-Suppe	158
Kartoffelplätzchen mit Tomatensauce	161
Kartoffelpuffer	154
Kartoffel-Romana-Salat	26
Kartoffelspieße mit Kräuterdip	162
Kartoffelwedges	154
Kohlrouladen mit Karoffelpüree	73
Kräuterbraten mit Kartoffel-Gemüse-Pfanne	78
Kräuterlachs aus dem Ofen	116
Lammfilets mit Balsamicosauce	93
Nordsee-Kartoffel-Salat	158
Nürnberger mit Kartoffelstampf	73
Paprikahähnchen aus dem Ofen	89
Pfeffersteaks mit Kartoffelgratin	82
Saltimbocca mit Ofengemüse	81
Vegetarische Wirsingrouladen	133

Käse

Buntes Gemüse mit Couscous-Füllung	137
Cannelloni mit Tunfischfüllung	175
Farfalle mit karamellisierten Tomaten	187
Griechischer Bauernsalat	33
Griechisches Risotto	191
Gyrossuppe mit Kräuterschafskäse	54
Kartoffelauflauf mit Tatar	161
Kartoffelgratin	155
Kartoffelplätzchen mit Tomatensauce	161
Lachslasagne mit Spinat	120
Lasagne al forno	179
Makkaroniauflauf mit Spinat	183
Mediterraner Hackbraten	86
Nudelsalat Caprese	26
Pfeffersteaks mit Kartoffelgratin	82
Ravioli-Spinat-Pfanne	145
Reisbällchen mit Paprika und Garnelen	180
Risotto mit Spargel	179
Schichtsalat Bolognese	37
Spaghetti Aglio e Olio	184
Spargel-Gemüse-Auflauf	141
Tortellinigratin mit Pilzen	180
Zwiebelsuppe mit Parmesanchips	42

Kohl

Feiertagsrouladen mit Kroketten	74
Gratinierter Lachs mit Rahmwirsing	119
Kohlrouladen mit Kartoffelpüree	73
Rindergulasch mit Rotkohl	86
Vegetarische Wirsingrouladen	133

Kürbis

Karotten-Kürbis-Eintopf	141
Kartoffel-Kürbis-Curry	162
Linsen-Kürbis-Suppe	58
Saltimbocca mit Ofengemüse	81

Lammfleisch

Lamm-Couscous-Salat mit Granatapfel	29
Lammfilets mit Balsamicosauce	93
Orientalische Couscous-Lamm-Pfanne	183

Lauch

Gefüllte Pfannkuchen	138
Karottentopf mit Tatarbällchen	53
Käse-Lauch-Suppe	46
Lasagne al forno	179
Seezunge in Weißwein	115
Vollkornquiche mit Lauch	142

Linsen

Blumenkohlcurry mit roten Linsen	149
Linsen-Kürbis-Suppe	58

Nudeln

Artischocken-Tunfisch-Pfanne	108
Bratnudeln mit Huhn	93
Cannelloni mit Tunfischfüllung	175
Entenbrustfilets in Orangensauce	85
Farfalle mit karamellisierten Tomaten	187
Garnelenspieße mit Glasnudelsalat	111
Griechisches Risotto	191
Hummerspaghetti mit Romanesco	112
Lachslasagne mit Spinat	120
Lasagne al forno	179
Makkaroniauflauf mit Spinat	183
Nudelomelette mit Salat	188
Nudel-Paprika-Salat	34
Nudelsalat Caprese	26
Nudelteig Grundrezept	172
Penne mit Kräuter-Tomaten-Sauce	188
Ravioli mit Tatar-Spinat-Füllung	172
Ravioli-Spinat-Pfanne	145
Rindergulasch mit Rotkohl	86
Seelachsfilet in Cornflakespanade	108
Spaghetti Aglio e Olio	184
Tagliatelle mit Mangoldsauce	184
Thailändischer Hähncheneintopf	49
Tortellinigratin mit Pilzen	180
Tortellinisalat mit Lachs	34
Vegetarischer Maultaschentopf	45
Zucchini-Spirelli-Frittata	146
Züricher Geschnetzeltes	97

Obst

Amarettini-Beeren-Dessert	200
Arme-Ritter-Auflauf	200
Beeren-Wackelpudding	212
Entenbrustfilets in Orangensauce	85
Erdbeer-Schoko-Mousse	208
Fitness-Salat mit Sprossen	29
Geschmorter Orangenchicorée	134
Hähnchenschenkel in Aprikosensauce	70
Himmlisches Mangoeis	211
Kaiserschmarren mit Fruchtsauce	207
Kokosparfait mit Himbeersauce	204
Lamm-Couscous-Salat mit Granatapfel	29
Schaumcreme mit Madeirawein	212
Schokopfannkuchen	211
Zimtküchlein mit Kompott	208

Paprika

Bratnudeln mit Huhn	93
Griechisches Risotto	191
Gyrossuppe mit Kräuterschafskäse	54
Kartoffelspieße mit Kräuterdip	162
Mediterranes Ratatouille	149
Nudel-Paprika-Salat	34
Paprikahähnchen aus dem Ofen	89
Reisbällchen mit Paprika und Garnelen	180
Rindergulasch mit Rotkohl	86
Saltimbocca mit Ofengemüse	81
Schichtsalat Bolognese	37
Spargel-Gemüse-Auflauf	141
Tagliatelle mit Mangoldsauce	184
Tomaten-Paprika-Suppe	50
Tunfischfilets mit Gemüsespießen	120

Pilze

Buntes Gemüse mit Couscous-Füllung	137
Gefüllte Kalbsschnitzel mit Broccoli	77
Gefüllte Pfannkuchen	138
Gyrossuppe mit Kräuterschafskäse	54
Hühnerfrikassee mit Champignons	94
Kartoffelklöße mit Pilzsauce	157
Käse-Lauch-Suppe	46
Thailändischer Hähncheneintopf	49
Tortellinigratin mit Pilzen	180
Züricher Geschnetzeltes	97

Reis

Blumenkohlcurry mit roten Linsen	149
Cevapcici mit rotem Reis	90
Geschmorter Orangenchicorée	134
Hähnchencurry mit Kichererbsen	89
Hühnerfrikassee mit Champignons	94
Kabeljauragout mit Meerrettich	119
Reisbällchen mit Paprika und Garnelen	180
Risotto mit Spargel	179
Schnelle Reis-Gemüse-Pfanne	146
Schollenröllchen mit Kräuterreis	107

Seezunge in Weißwein	115
Thaicurry mit Basmatireis	90

Rindfleisch & Tatar

Feiertagsrouladen mit Kroketten	74
Feine Rindfleischsuppe	46
Karottentopf mit Tatarbällchen	53
Kartoffelauflauf mit Tatar	161
Käse-Lauch-Suppe	46
Kohlrouladen mit Kartoffelpüree	73
Linsen-Kürbis-Suppe	58
Mediterraner Hackbraten	86
Pfeffersteaks mit Kartoffelgratin	82
Rindergulasch mit Rotkohl	86
Roastbeef-Bohnen-Salat	33
Sauerbraten klassisch	69
Schichtsalat Bolognese	37

Schnelle Hauptgerichte

Artischocken-Tunfisch-Pfanne	108
Broccolisuppe mit Lachs	57
Bunte Bohnenpfanne	134
Farfalle mit karamellisierten Tomaten	187
Fitness-Salat mit Sprossen	29
Gegrillte Dorade mit Tomatensalat	104
Griechischer Bauernsalat	33
Kartoffel-Romana-Salat	26
Kartoffelspieße mit Kräuterdip	162
Kräutersuppe mit Erbsen	58
Lamm-Couscous-Salat mit Granatapfel	29
Linsen-Kürbis-Suppe	58
Nudel-Paprika-Salat	34
Nudelsalat Caprese	26
Nürnberger mit Kartoffelstampf	73
Ravioli-Spinat-Pfanne	145
Roastbeef-Bohnen-Salat	33
Schnelle Reis-Gemüse-Pfanne	146
Spaghetti Aglio e Olio	184
Thaicurry mit Basmatireis	90
Tomaten-Paprika-Suppe	50

Tortellinisalat mit Lachs	34
Tortilla mit Zucchini und Tomaten	145
Tunfischsalat	30
Tunfisch-Tramezzini	112
Vegetarischer Maultaschentopf	45
Zucchinisuppe mit Schinken	50
Züricher Geschnetzeltes	97
Zwiebelsuppe mit Parmesanchips	42

Schritt-für-Schritt-Rezepte

Cannelloni mit Tunfischfüllung	175
Garnelenspieße mit Glasnudelsalat	111
Gegrillte Dorade mit Tomatensalat	104
Kartoffelklöße mit Pilzsauce	157
Nudelteig Grundrezept	172
Sauerbraten klassisch	69
Schnitzel Wiener Art	66
Schollenröllchen mit Kräuterreis	107
Vegetarische Wirsingrouladen	133

Schritt-für-Schritt-Videos

Gefüllte Kalbsschnitzel mit Broccoli	77
Hähnchenschenkel mit Aprikosensauce	70
Kohlrouladen mit Kartoffelpüree	73

Schweinefleisch & Schinken

Bratkartoffeln	155
Gefüllte Pfannkuchen	138
Kartoffelcremesuppe	53
Kräuterbraten mit Kartoffel-Gemüse-Pfanne	78
Nudelomelette mit Salat	188
Nürnberger mit Kartoffelstampf	73
Saltimbocca mit Ofengemüse	81
Schnitzel Wiener Art	66
Tunfischfilets mit Gemüsespießen	120
Vollkornquiche mit Lauch	142
Zucchinisuppe mit Schinken	50

Spargel

Hühnerfrikassee mit Champignons	94
Risotto mit Spargel	179
Spargel-Gemüse-Auflauf	141

Spinat

Lachslasagne mit Spinat	120
Makkaroniauflauf mit Spinat	183
Ravioli-Spinat-Pfanne	145

Tofu

Vegetarische Wirsingrouladen	133

Tomaten

Bunte Bohnenpfanne	134
Buntes Gemüse mit Couscous-Füllung	137
Cannelloni mit Tunfischfüllung	175
Cevapcici mit rotem Reis	90
Farfalle mit karamellisierten Tomaten	187
Fitness-Salat mit Sprossen	29
Gegrillte Dorade mit Tomatensalat	104
Griechischer Bauernsalat	33
Griechisches Risotto	191
Hummerspaghetti mit Romanesco	112
Kartoffelplätzchen mit Tomatensauce	161
Lasagne al forno	179
Mediterraner Hackbraten	86
Mediterranes Ratatouille	149
Nudelsalat Caprese	26
Penne mit Kräuter-Tomaten-Sauce	188
Ravioli-Spinat-Pfanne	145
Reisbällchen mit Paprika und Garnelen	180
Roastbeef-Bohnen-Salat	33
Tomaten-Paprika-Suppe	50
Tortilla mit Zucchini und Tomaten	145
Tunfischfilets mit Gemüsespießen	120
Tunfischsalat	30

Vegetarische Hauptgerichte

Blumenkohlcurry mit roten Linsen	149
Bunte Bohnenpfanne	134
Buntes Gemüse mit Couscous-Füllung	137
Farfalle mit karamellisierten Tomaten	187
Fitness-Salat mit Sprossen	29
Geschmorter Orangenchicorée	134
Griechischer Bauernsalat	33
Griechisches Risotto	191
Hirserisotto mit gebratenem Sellerie	176
Karotten-Kürbis-Eintopf	141
Kartoffelgratin	155
Kartoffelklöße mit Pilzsauce	157
Kartoffel-Kürbis-Curry	162
Kartoffelplätzchen mit Tomatensauce	161
Kartoffelpuffer	154
Kartoffel-Romana-Salat	26
Kartoffelspieße mit Kräuterdip	162
Kartoffelwedges	154
Kräutersuppe mit Erbsen	58
Lasagne al forno	179
Makkaroniauflauf mit Spinat	183
Mediterranes Ratatouille	149
Nudel-Paprika-Salat	34
Nudelsalat Caprese	26
Penne mit Kräuter-Tomaten-Sauce	188
Ravioli-Spinat-Pfanne	145
Risotto mit Spargel	179
Schnelle Reis-Gemüse-Pfanne	146
Spaghetti Aglio e Olio	184
Spargel-Gemüse-Auflauf	141
Tagliatelle mit Mangoldsauce	184
Tomaten-Paprika-Suppe	50
Tortellinigratin mit Pilzen	180
Tortilla mit Zucchini und Tomaten	145
Vegetarischer Maultaschentopf	45
Vegetarische Wirsingrouladen	133
Zucchini-Spirelli-Frittata	146
Zwiebelsuppe mit Parmesanchips	42

Zucchini

Buntes Gemüse mit Couscous-Füllung	137
Garnelenspieße mit Glasnudelsalat	111
Griechisches Risotto	191
Kartoffelplätzchen mit Tomatensauce	161
Kartoffelspieße mit Kräuterdip	162
Lamm-Couscous-Salat mit Granatapfel	29
Nordsee-Kartoffel-Salat	158
Seelachsfilet in Cornflakespanade	108
Tortilla mit Zucchini und Tomaten	145
Tunfischfilets mit Gemüsespießen	120
Zucchini-Spirelli-Frittata	146
Zucchinisuppe mit Schinken	50

Zuckererbsenschoten

Hähnchen auf Frühlingsgemüse	97
Kräuterlachs aus dem Ofen	116
Reisbällchen mit Paprika und Garnelen	180
Thaicurry mit Basmatireis	90
Thailändischer Hähncheneintopf	49

Redaktion:
Weight Watchers
Claudia Braun, Claudia Thienel

Realisierung:
The Food Professionals Köhnen AG, Sprockhövel

Projektleitung:
Silke Höpker, Insa Weißpfennig

Rezepte und Texte:
Sonja Böttcher-Thielemann, Janina Gerthold, Ingrid Schmand

Versuchsküche:
Dennis Webers, Alexandra Wittenstein

Fotografie:
Klaus Arras, Carsten Eichner, Dirk Przibylla, Stefan Schulte-Ladbeck
Seiten 6, 16–17, 38, 60, 98, 122–123, 150, 164, 192, 194: Thinkstock

Foodstyling:
Katja Briol, Marc Fleischer, Maren Jahnke, Stefan Mungenast, Christa Schraa

Gestaltungskonzept und Grafik:
The Food Professionals Köhnen AG, Sprockhövel
Sina Büchele, Petra Penker

Druck:
Paffrath Print & Medien GmbH, Remscheid

1. Auflage 2014
ISBN 978-3-9816174-1-2

WeightWatchers®

Info-Hotline 01802-23 45 64* (Deutschland)
www.weightwatchers.de

PEFC zertifiziert
Dieses Papier stammt aus nachhaltig bewirtschafteten Wäldern und kontrollierten Quellen.

www.pefc.de